いちばんやさしい
使える
ベトナム語入門

木村友紀

ⓘ池田書店

JN041651

ベトナムって、どんな国？

　ベトナムは正式名称を「ベトナム社会主義共和国」と言います。東南アジアに位置し、南北に細長く、日本の約88％の面積を持つ国です。国土の北側から西側にかけて中国、ラオス、その南をカンボジアと接し、東側には南シナ海が広がっています。東京からは飛行機の直行便で5〜6時間かかり、日本との時差は2時間です。

　ベトナムには54の民族がいて、このうち90％近くを占めるのが多数民族のキン族（ベト族）です。人口総数は約9620万人で（2019年時点）、現在も増加傾向にあります。平均年齢は約31歳と、日本と比べて若者が多い国と言えます。

歴史

　ベトナムは、1000年に及ぶ中国支配、19世紀末からのフランスによる統治、第2次世界大戦時の日本軍進駐など、さまざまな国の占領下で、常に独立と自由を目指してきました。1945年9月2日※にホー・チ・ミン主席は独立を宣言しますが、その後、インドシナ戦争が勃発、国土が南北に分断され、アメリカとのベトナム戦争へと突入します。激化した戦争は1975年4月30日※に終結し、翌年に南北統一を果たして現在のベトナムが誕生しますが、その後もカンボジアや中国との戦争が起こり、国外へ脱出する大勢のボートピープルが発生しました。

　長年の戦争で停滞した経済の成長をめざすべく、1986年からはドイモイ（Đổi mới ／刷新）政策を打ち出し、市場経済の導入に踏み切りました。以降、外国からの投資も活発となり、ベトナムは工業化・近代化の一途をたどります。

※9月2日は「建国記念日」、4月30日は「南部解放・国土統一記念日」として、現在は
　ベトナムの祝日となっています。

地域性

　南北に長いベトナムは、どの地域を訪れるかで、その印象ががらりと変わります。国を北部、中部、南部の3つに分けて考えることが多いベトナムですが、気候、伝統文化、生活習慣、食べ物、そして言葉や人柄に至るまで、その土地によって異なる姿が見られるでしょう。ここでは日本人在住者も多いベトナムの代表的な都市、北部のハノイと南部のホーチミン市を紹介します。

　首都ハノイ（Hà Nội〈河内〉）は政治と文化の中心地であり、古き良き伝統を残す旧市街と発展めざましい新市街とが共存しています。ベトナムと言えば暑いという印象があるかもしれませんが、北部には日本と同様に四季があり、季節ごとの景色の美しさがあります。

　ホーチミン市（Thành phố Hồ Chí Minh）は1975年以前にはサイゴン（Sài Gòn〈西貢〉）と呼ばれていましたが、ベトナム戦争終結を機に英雄ホー・チ・ミン〈胡志明〉の名を冠することとなりました（人名と区別するため、都市のほうには必ず市［Thành phố〈城鋪〉］をつけます）。商業や経済の中心地らしく国内で最も人口が多く、バイクがひしめき、高層ビルが建ち並びます。季節は雨季と乾季のみで、年間を通して暑いです。

 # 名所

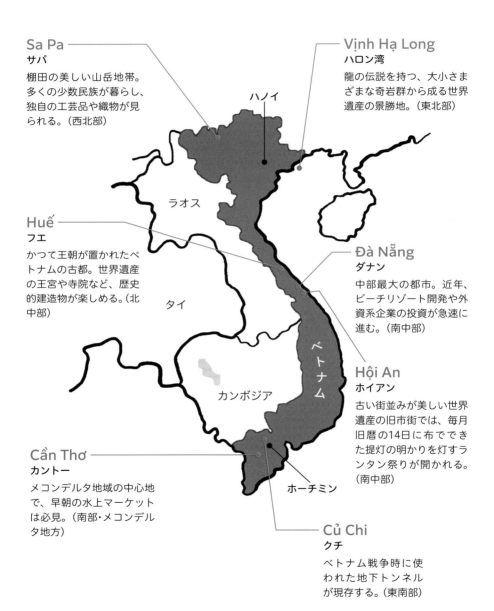

Sa Pa
サパ
棚田の美しい山岳地帯。多くの少数民族が暮らし、独自の工芸品や織物が見られる。（西北部）

Vịnh Hạ Long
ハロン湾
龍の伝説を持つ、大小さまざまな奇岩群から成る世界遺産の景勝地。（東北部）

ハノイ

Huế
フエ
かつて王朝が置かれたベトナムの古都。世界遺産の王宮や寺院など、歴史的建造物が楽しめる。（北中部）

ラオス

タイ

カンボジア

ベトナム

Đà Nẵng
ダナン
中部最大の都市。近年、ビーチリゾート開発や外資系企業の投資が急速に進む。（南中部）

Hội An
ホイアン
古い街並みが美しい世界遺産の旧市街では、毎月旧暦の14日に布でできた提灯の明かりを灯すランタン祭りが開かれる。（南中部）

Cần Thơ
カントー
メコンデルタ地域の中心地で、早朝の水上マーケットは必見。（南部・メコンデルタ地方）

ホーチミン

Củ Chi
クチ
ベトナム戦争時に使われた地下トンネルが現存する。（東南部）

 名物

食べ物編

Bún chả
ブ ン　チャー
ブンチャー

北部名物。ハンバーグ
や焼き肉、生野菜をブ
ン（米麺）とともにつ
け汁に浸して食べる。

Nem rán
ネーム　ザン
揚げ春巻き

豚ひき肉、春雨、きく
らげなどをライスペー
パーに包んだ揚げ春巻
き。南部では**chả giò**(チ
ャーヨー)と呼ばれる。

Bánh xèo
バイン　セーオ
バインセオ

南部名物。薄い生地の
上に豚肉やもやしなど
をのせて折りたたんで
作る、ベトナム風お好
み焼き。

Bánh mì
バイン　ミー
バインミー

米粉を混ぜた小ぶりの
フランスパン。野菜、
肉、魚、卵など好きな
具材をはさんで、朝食
や軽食に。

おみやげ編

Nón lá
ノン　ラー
ノンラー

葉を編んで作った円錐
形の笠。農作業や物売
りなどの際、日除けと
して使われる。

Hoa sen
ホアアー　セーン
蓮の花

ベトナムの国花。6月
ごろに開花。ベトナム
では根、葉、茎、実を
食べ、お茶にもなる。

Cà phê sữa
カー　フェ　スアッ
ミルクコーヒー

濃く香り高いコーヒー
を専用のフィルターで
抽出し、練乳を加えて
飲むのがベトナム流。

Nước mắm
ヌオッ　マム
ヌックマム

魚醤。タイで言うナン
プラー。揚げ春巻きな
ど、いろいろなベトナ
ム料理のつけダレや隠
し味として使われる。

ベトナム語の特徴

●多数民族の言語が公用語に

　多数民族であるキン族の言語がベトナム語であり、ベトナム国内の公用語となっています。53の少数民族にはそれぞれに独自の言語があり、彼らの多くはベトナム語と民族語を使い分けています。

●文字の変遷

　もともとベトナム語は中国語と言語体系が異なりますが、中国文化の影響で、長年にわたって国内では知識層の間で漢字が使われました。13世紀ころには独自の文字「チューノム」（Chữ Nôm〈字喃〉）が誕生しますが、漢字同士を組み合わせたその難解さゆえに普及しませんでした。17世紀、ベトナムにやって来た西洋のカトリック宣教師たちは、布教活動のために漢字表記のベトナム語をアルファベット化しました。フランス統治時代にこれが発展し、1945年の独立後、国民の識字率向上を緊急課題としたホー・チ・ミン主席は、アルファベット表記のベトナム語「チュークオックグー」（Chữ Quốc ngữ〈字国語〉）を公式の文字に採用しました。以後、クオックグーは国民に浸透し、現在、識字率は全国平均で約95%を誇ります。

●発音と文法

　ベトナム語の難しさは、なんといっても発音です。母音（→P.20）や子音（→P.24）の多さに加え、声調（→P.18）という日本語にはない発音のしかたがたくさんあり、学習者を悩ませます。ですが、これはベトナム語の音の美しさでもあり、習得に必要不可欠な要素でもあります。第1章で発音のルールをじっくりと見てみましょう。

　一方、文法は比較的シンプルと言えます。大枠としては英語と似た構造で、さらにどんな品詞の単語にも語形変化が一切ありません。語順に注意していけば文を作りやすいのが特徴です。文法については、第3章で詳しく取り上げます。

●多様な人称代名詞

　英語の二人称と一人称はだれに対しても You と I で済んでしまいますが、ベトナム語はこれが実に多様です。相手が自分より年上の男性なら anh（アイン）、女性なら chị（チ）、年下なら男女共に em（エーム）と呼び、相手と自分との関係性において二人称を使い分けるのです。少々厄介なのは、同時に、その関係性においては「私」という一人称も変化すること。これらは関係性を重んじるベトナムの人々にとってはとても大切な区別であり、ベトナム語に親しむうえでは、ぜひ知っておきたいことでもあります（→P.34）。

　本書では学習上のわかりやすさを重視し、二人称と三人称のみを変化させ、一人称にはtôi（トイ）を採用しています。tôiは日本語の「わたくし」のようにかしこまった表現で、実生活では限定的な場面（大勢の人を相手に発表する場面など）でのみ使われますが、どんな相手に対しても使える中立的な一人称です。

　また、ベトナム語では原則として文中の主語を省略しません。省略すると相手に対して失礼になったり、だれのことを指しているのかわかりづらくなったりするため、注意しましょう。

●南北の違い

　「ベトナム語」とひと口に言っても、当然ながら地域によって多少の違いがあります。単語は同じでも読み方（発音）が違う場合や、南北によって単語自体が丸ごと異なる場合もありますが、どこでどの土地の言葉を話しても基本的には通じ合うことができます。本書では原則として北部に位置する首都ハノイの表現に合わせながら、適宜南部の単語も紹介します。

例）発音の違い
　　dạy「教える」　　北部の読み方：「ザイー」　南部の読み方：「ヤイー」

　　単語の違い
　　「グラス」　　　　北部：cốc（コッ）　　　南部：ly（リー）

学習を始めるみなさんへ

　数あるベトナム語のテキストの中から本書を手に取ってくださり、ありがとうございます。

　日本人にとって、ベトナムはますます身近な国となっています。私たちが仕事や留学、観光でベトナムに行く機会が増えただけでなく、近年日本に暮らすベトナム人が急増し、2019年12月時点でその数は41万人強となりました。身近なところでベトナム人に出会ったのをきっかけに、ベトナムに興味を持った方も多いのではないでしょうか。

　一方で、ベトナム語については、残念ながらまだあまり知られていないのが現状です。メディアでベトナムという国や文化が取り上げられることはあっても、そこからベトナム語の音声が流れてくる機会もまだ少ないようです。ですが、ひとたびベトナム語を耳にすると、その音の美しさを感じていただけるでしょう。ベトナム語は「鳥のさえずりのよう」と言われるほど、繊細で豊かな音を持っています。

　本書は「いちばんやさしい 使える」というタイトルのもと、これからベトナム語を学ぼうとするみなさんに寄り添えるテキストをめざしました。まずはテキストを見ながら音声ファイルを繰り返し聞き、発音を練習しましょう。本書にはとてもゆっくりとしたスピードの音声もついていて、正しい発音を一単語ずつしっかりと練習することができます。ベトナム語はちょっと変わった音を出しますが、ぜひ、恥ずかしがらずに楽しくまねしてみてください。そして本書を携えながら、ぜひ皆さんの身近にいるベトナムの方とベトナム語で会話してみてください。彼らはきっと驚き、笑顔を見せてくれるはずです。相手が自分の国の言葉を学んでいるという喜びは、間違いなく世界共通のものだと思います。

　言葉を通してベトナムを知り、目の前の相手を知る。本書がその一助となれば、これ以上の喜びはありません。

木村友紀

❀ contents

第1章　基礎編　ベトナム語の基礎を学ぼう

第2章　基礎編　超基本フレーズを覚えよう

第3章　基礎編　文法を学んでフレーズを理解しよう

名詞文

第**4**章　応用編　**場面別にベトナム語を話してみよう**

第**5**章　応用編　**日本でベトナム語を使ってみよう**

本書の特徴と使い方

　本書は、ベトナム語を初めて学ぶ方に向けた入門書です。基礎編の第1章ではベトナム語の読み書きの土台となる文字や発音、人称代名詞など、第2章ではあいさつなどコミュニケーションに欠かせないフレーズ、第3章ではさまざまな文型の基本を押さえます。応用編の第4章では旅行などで使える場面別の会話表現、第5章では日本でのベトナム人とのコミュニケーションに役立つフレーズを紹介しています。

表記について
- ●ベトナム語で標準語とされている北部の言い方で解説しています。
- ●漢越語で学習の助けになると考えられるものは〈　〉でくくって紹介しています。
- ●発音練習の助けになるように、単語にカタカナをふり、声調のイメージを矢印で示していますが（基礎編と基本単語）、ベトナム語には日本語にはない発音が多いので、完全に再現できているわけではありません。あくまでも参考程度に、音声を繰り返しよく聞いて正しい発音を身につけましょう。
- ●単語ごとに意味をつけ、文の構成をわかりやすくしています。日本語訳とベトナム語が完全にイコールではないこともあります。
- ●ベトナム語ではきめこまやかな人称代名詞（→P.34）の使い分けが必要ですが、本書では入門書として「私」にtôi、「あなた」にanh、chị、emを用いることで、学習のしやすさを優先しています。

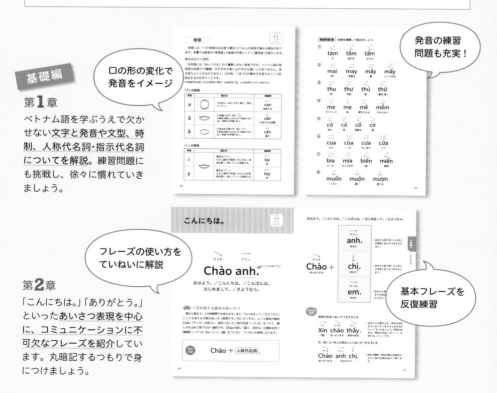

基礎編

口の形の変化で発音をイメージ

発音の練習問題も充実！

第1章

ベトナム語を学ぶうえで欠かせない文字と発音や文型、時制、人称代名詞・指示代名詞についてを解説。練習問題にも挑戦し、徐々に慣れていきましょう。

フレーズの使い方をていねいに解説

第2章

「こんにちは。」「ありがとう。」といったあいさつ表現を中心に、コミュニケーションに不可欠なフレーズを紹介しています。丸暗記するつもりで身につけましょう。

基本フレーズを反復練習

第3章 「○○は□□です」「○○は□□ですか?」などの基本文型を学びます。
シンプルなフレーズを繰り返し練習して、文型の知識を定着させましょう。

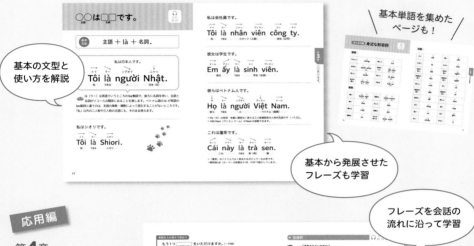

基本単語を集めた
ページも!

> 基本の文型と
> 使い方を解説

> 基本から発展させた
> フレーズも学習

応用編

> フレーズを会話の
> 流れに沿って学習

第4章
基礎編とは違い、少し長めのフレーズを場面別に紹介しています。会話形式では実践的に学んでいきましょう。旅行やビジネスなどでお役立てください。

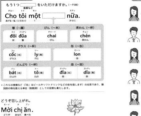

> 単語を入れ替えて
> 使えるフレーズも

※入れ替え単語のあるフレーズの音声は最初の単語を入れて読んでいます。以降は、単語のみを収録しています。

第5章
日本にいるベトナム人とのコミュニケーションのきっかけとなるようなフレーズを集めて紹介しています。これまでの学習も生かし、会話を楽しんでください。

> 場面別におすすめの
> フレーズを紹介

音声は2種類!

5_01 — 普通スピード
S5_01 — ゆっくりスピード

普通スピードは実際の会話に近い速さを体感でき、聞き取りの練習に向いています。ゆっくりスピードはフレーズを一単語ずつリピートしながら音声を追いかけられるので、正確な発音を練習するのにぴったりです(単語のみの場合はトラック番号にゆっくりスピードを示すSがついていても、普通スピードで収録しています)。学習の目的に応じて使い分けましょう。

音声について

- 見出しの横についている🎧マークの下の数字が、音声ファイル名です。
- 音声はテキストに沿って、原則、日本語→ベトナム語の順に収録されています。
- 数字だけのものが普通スピード、数字の前に s がついているのがゆっくりスピードです。2種類の音声を、学習の目的に応じてご活用ください。

普通スピードの活用法

実際の会話に近い速さを体感できます。まずは聞き流してベトナム語の音の豊かさに触れ、文全体の構造や意味を大まかに把握しましょう。次にゆっくりスピードで発音練習をし、普通スピードを聞き直すなどを繰り返すことで聞き取る力を身につけることができます。

ゆっくりスピードの活用法

とてもゆっくりとした速さで、単語だけでなくフレーズも、一単語ずつ追いかけるように繰り返して読むことができます。聞き流しには不向きですが、発音の練習をじっくりとしたい方におすすめです。

- 音声ファイルは下記 URL よりダウンロードください。
  https://www.ikedashoten.co.jp/space/6984.html
  ・音声は圧縮されたファイルです。ダウンロード後、解凍してご使用ください。

⚠️注意

・音声ファイルは MP3 形式です。
・パソコン（Windows/Mac）や MP3 対応のオーディオプレイヤーで再生できます。
　一般の音楽専用 CD プレイヤーでは再生できません。
・ご使用のパソコンの環境によっては、音声のダウンロード、再生ができない場合があります。当社では責任を負いかねますので、ご理解・ご了承いただきますよう、お願いいたします。
・音声の再生方法など操作に関する内容については、お答えしかねます。
・音声データは、一般家庭での私的利用に限ってご利用いただけます。
　法律で認められた場合を除き、著作権者に無断で音声データを改変・複製・放送・配信・転売することは禁じられています。
・音声データは、告知なく配布を中止する場合があります。

ベトナム語の繊細で
豊かな音を楽しんでね！

基礎編

第 **1** 章

ベトナム語の基礎を学ぼう

まずは、ベトナム語独自のアルファベット文字や、

多種多様な声調（イントネーション）、母音、子音に

たっぷりと触れて、ベトナム語の発音に慣れましょう。

人称代名詞の使い方など、ベトナム語の学習に

欠かせない単語の使い方も解説しています。

文字と発音

文字

●ベトナム語はアルファベット表記

　ベトナム語はアルファベットを使用しますが、F、J、W、Zの4文字はありません。一方で、Đのように記号がつくものがあります。また母音の数が多く、アルファベットの上に母音記号をつけて表記するものがあります。

●漢字の影響

　中国の影響で、長い間ベトナムの公式の文字は漢字でした。17世紀以降、西洋からの宣教師の来越やフランスの統治を経てアルファベット化が進み、1945年の独立以降は現在の文字「チュー　クオック　グー」（Chữ Quốc ngữ）が普及しました。ですが、長年にわたる漢字の強い影響で、今でもベトナム語の語彙の約6割は漢字に置き換えられ、日本語と似た音も多数存在します。このような漢字由来の単語を「漢越語」（Từ Hán Việt）と言います。

例）日本語と似た発音をする単語　※本書では漢越語で学習の助けになるものを〈　〉でくくって表記しています。

ヴィエッ　ナーム
Việt Nam　ベトナム〈越南〉

チュー　イー
chú ý　〈注意〉

ケッ　クアー
kết quả　〈結果〉

●フランスの影響

　100年弱に及んだフランスによる植民地支配の影響で、フランス語からそのままベトナム語として定着した単語もあります。

例）フランス語がベトナム語として定着した単語

カー　フェ
cà phê　コーヒー（café）

ソ　コ　ラー
sô cô la　チョコレート（chocolat）

サー　ボン
xà bông　せっけん（savon）

●ベトナム語の文字は29個

A a アー	Ă ă アー	Â â アー	B b ベー	C c セー
D d ゼー	Đ đ デー	E e エー	Ê ê エー	G g ガー
H h ハッ	I i イー（イーンガン）	K k カー	L l ンロー	M m ンモー
N n ンノー	O o オー	Ô ô オー	Ơ ơ オー	P p ペー
Q q クイー	R r ロー	S s エス	T t テー	U u ウー
Ư ư ウー	V v ヴェー	X x イクス	Y y イー（イーザーイ）	

※緑の文字は母音、緑の文字以外は子音です。

発音

　「ベトナム語は発音が難しい」とよく言われます。その理由は、日本語にはない声調、多様な母音、ローマ字とは異なる読み方の子音、この3つの要素が1つの単語に同時に登場するためです。ですがベトナム語は間違った発音をしてしまうとなかなか通じません。本書では声調、母音、子音の順に発音をマスターしていきます。

例）phở（フォー）という単語の発音の要素

　　　　　　　┌── 声調

phở

子音 ──┘└── 母音

この3つが
セットなんだね

17

声調

● 声調は6種類

　単語内のイントネーションを「声調」と言います。ベトナム語にはこれが6種類あり、1つの単語には必ず1つの声調がついています。声調の記号は母音の文字の上下に表記します。同じつづりでも声調が違うだけで単語の意味が変わるので正確な発音を心がけましょう。音をオーバーに上下させるのがポイントです。ここではmaを例として紹介します。

	声調の名前	発音のしかた	矢印
ma	**dấu ngang** ザウ ンガーン 記号　平らな	普段よりもやや高い音で「マー」とまっすぐ伸ばす。お経のイメージで。	→
mà	**dấu huyền** ザウ フイエン 記号　架ける、つり下げる	やや低いところから「マー」とゆっくり下降する。深く長いため息をつくように。	↘
má	**dấu sắc** ザウ サッ 記号　鋭い	やや高いところから一気にすばやく「マア」と上昇する。	↗
mả	**dấu hỏi** ザウ ホーイ 記号　質問する	中くらいのところからゆるやかに下降したあと、少し上昇する。「あーあ」と落胆のため息をつくように。	↝
mã	**dấu ngã** ザウ ンガアッ 記号　倒れる	やや高いところから上昇して、途中で一旦音を切り、さらに上昇。「マ、アッ」と二段階になるように。	↗
mạ	**dấu nặng** ザウ ナン 記号　重い	最初から低いところに音を置くイメージで。「マ」と短く止めるように。	↓

※本書では発音の助けになるよう、声調の記号に合わせて単語に矢印をつけているページがあります。

 声調のイメージ

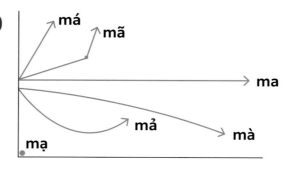

18

練習問題 ❶ 声調を意識して読みましょう。

①
バーン **ban** 委員会　バーン **bàn** 机　バン **bán** 売る　バン **bạn** 友人

②
ラー **la** 叫ぶ　ラー **là** である　ラー **lá** 葉　ラ **lạ** 変わっている

③
メー **me** タマリンド　メー **mè** 胡麻　メー **mẻ** 麹　メ **mẹ** 母

④
ムーア **mua** 買う　ムーア **mùa** 季節　ムア **múa** 踊る

⑤
ティム **tim** 心臓　ティム **tìm** 探す　ティム **tím** 紫色の

⑥
サー パー **Sa Pa**
サパ（ベトナム北部の地名）

⑦
アオ ザーイ **áo dài**
アオザイ

⑧
ミイッ トー **Mỹ Tho**
ミトー（ベトナム南部の地名）

⑨
ハーイ サーン **hải sản**
シーフード〈海産〉

19

母音

母音には、1つの母音のみを使う場合と2つ以上の母音が連なる場合があります。本書では前者の「単母音」と後者の代表として「二重母音」を紹介します。

●単母音は12種類

日本語には「あいうえお」の5種類しかない母音ですが、ベトナム語の単母音は全部で12種類。それぞれの音にはわずかな違いしかありません。音を変えようとするのではなく、口の形、つまり口の開き方を変えることで区別をするのがポイントです。

※母音記号の名称：â ê ôの記号を「帽子」、ăの記号を「皿」、ư ơの記号を「ひげ」と呼びます。

「ア」の発音

母音		読み方	単語例
a		口をめいっぱい大きく開け、長めに「アー」	カーン **can** 忠告する
ă		口を横に広げ、短く「ア」 ※単独で読むときは上げて発音するが(ǎ)、単語では声調に従う。	カン **căn** 仕切られた空間
â		口をあまり開けず、短く「ア」 ※単独で読むときは上げて発音するが(ǎ)、単語では声調に従う。	カン **cân** 重さ

「イ」の発音

母音		読み方	単語例
i		基本は「イー」 ただし語末で母音+iのときは、母音を長く+短く「イ」と発音する。	ターイ **tai** 耳
y		基本は「イー」 ただし語末で母音+yのときは母音を短く+長く「イー」と発音する。	タイー **tay** 手

「ウ」の発音

母音		読み方	単語例
u		口をギュッとすぼめ、長めに「ウー」	ムーア **mua** 買う
ư		口を「イ」の形にして（横に引いて）、長めに「ウー」	ムーア **mưa** 雨

「エ」の発音

母音		読み方	単語例
e		口を横に大きく開き、長めに「エー」	クエーン **quen** 慣れる
ê		口をあまり開けず、長めに「エー」	クエーン **quên** 忘れる

「オ」の発音

母音		読み方	単語例
o		口を縦に大きく開けて中に空洞をつくり、長めに「オー」	トー **to** 大きい
ô		口を軽くすぼめ、長めに「オー」	トー **tô** 塗る
ơ		口を軽く開けて横に引き、長めに「オー」	トー **tơ** 絹糸

●二重母音

　単母音のように母音が単体で使われるほか、2つの母音が連なる場合もあります。hoa（ホア）「花」のoa、quê（クエ）「故郷」のuêなどで、それぞれの母音を続けてなめらかに発音します。母音の連なりの中でも、下記の「二重母音」と呼ばれるものには、1つ目の母音をはっきりと長めに読み、2つ目の母音を軽く短く読むというルールがあります。

単語の終わりにつく3種類

母音	読み方	単語例	
-ia	強く長い「イー」＋軽く短い「ア」	ビーア **bia** ビール	キーア **kia** あれ
-ua	強く長い「ウー」（口をすぼめる） ＋軽く短い「ア」	ムーア **mua** 買う	クーア **của** 〜の
-ưa	強く長い「ウー」（口を横に引く） ＋軽く短い「ア」	ムーア **mưa** 雨	クーア **cửa** ドア

後ろに語末子音が続く3種類

母音	読み方	単語例	
-iê-	強く長い「イー」＋軽く短い「エ」	ティエン **tiền** お金	
-yê-		イエン **yên** 円	
-uô-	強く長い「ウー」＋軽く短い「オ」 （どちらも口をすぼめる）	ブオン **buồn** 悲しい	ムオン **muốn** したい
-ươ-	強く長い「ウー」＋軽く短い「オ」 （どちらも口を横に引く）	ヌオッ **nước** 水	ドゥオッ **được** できる

練習問題 ❷　母音を意識して読みましょう。

🎧 1_06 S1_06

①

タ―ム
tám
8

タム
tắm
浴びる

タム
tấm
かけら

②

マ―イ
mai
梅

マイ―
may
幸運な

マイ―
mây
雲

マイ―
mấy
いくつかの

③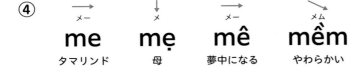

トゥ―
thu
秋

トゥ―
thư
手紙

トゥ―
thú
獣

トゥ―
thứ
～番目・第～

④

メ―
me
タマリンド

メ
mẹ
母

メ―
mê
夢中になる

メム
mềm
やわらかい

⑤

コ―
có
ある

コ―
cỏ
草

コ―
cố
頑張る

コ―
cờ
旗

⑥

ク―ア
cua
かに

ク―ア
của
～の

ク―ア
cưa
のこぎり

ク―ア
cửa
ドア

⑦

ビ―ア
bia
ビール

ミ―ア
mía
さとうきび

ビエン
biến
〈変〉

ミエン
miến
春雨

⑧

ムオン
muốn
したい

ムオン
muộn
遅い

ムオン
mượn
借りる

23

子音

●語頭子音

ベトナム語の単語のはじめにつく子音には、日本語のローマ字と同じ読み方のものもあれば、そうではない独自の読み方をするものもあります。似たような発音をするグループごとに確認していきましょう。

カ行

語頭子音	発音のしかた	単語例				
		a ă â	i y	u ư	e ê	o ô ơ
c- **k-**	カ行 (日本語と同じ) c＋アウオの母音 k＋イエの母音	カー **cá** 魚	キーア **kia** あの	クウッ **cũ** 古い	ケーム **kem** アイス	コー **có** ある
kh-	カ行 喉を鳴らしながら音を出す	カー **khá** かなり	キー **khi** 〜するとき	クー **khu** 区域	ケーン **khen** 褒める	コー **khó** 難しい
qu-	qの後ろには必ずuが置かれ「ク」と読む (qu-はセットで使う)	クアー **quá** とても	クイー **quý** 貴重な	-	クエー **quê** 故郷	クオッ **quốc** 〈国〉
g- **gh-**	ガ行 (日本語と同じ) g＋アウオの母音 gh＋イエの母音	ガー **ga** 駅	ギー **ghi** 記載する	グーイ **gửi** 送る	ゲー **ghế** イス	ゴオッ **gỡ** 木材
ng- **ngh-**	ンガ行 ガ行の前にンを添える ng＋アウオの母音 ngh＋イエの母音	ンガー **Nga** ロシア	ンギイ **nghỉ** 休む	ングウ **ngủ** 眠る	ンゲー **nghe** 聞く	ンゴン **ngon** おいしい

サ行

語頭子音	発音のしかた	単語例				
		a ă â	i y	u ư	e ê	o ô ơ
s-	サ行 (日本語と同じ) ※s-は出だしに「スィ」という音が入る。	サーイ **sai** 誤った	シー **sĩ** 〈士〉	スッ **súp** スープ	セーン **sen** 蓮	ソー **số** 番号
x-		サー **xa** 遠い	シン **xin** 〈請〉	スアン **xuân** 〈春〉	セー **xe** 車両	ソイ **xôi** おこわ
d-	ザ行 (日本語と同じ) gの後ろには必ずiが置かれる (gi-はセットで使う)	ザー **da** 肌、皮	ジー **dì** 母の姉妹	ズー **dù** けれども	ゼエッ **dễ** 簡単な	ゾー **dơ** 汚い
gi-		ザー **gia** 〈家〉	ジー **gì** 何	ズー **giữ** 保つ	ゼオ **gieo** 蒔く	ゾー **giờ** 〜時
r-		ザー **ra** 出る	ジイ **rỉ** 滲む	ズウ **rủ** 誘う	ゼエ **rẻ** 安い	ゾオッ **rõ** 明瞭な

似たような発音の微妙な違いを聞き取って!

タ行

語頭子音	発音のしかた	単語例				
		a ă â	i y	u ư	e ê	o ô ơ
t-	タ行 ただしti-は「ティ」、 tu-は「トゥ」と読む。 息を出さないように 発音する（無気音）。	ターム **tám** 8	ティエン **tiền** お金	トゥ **tu** 修行する	テン **tên** 名前	トー **to** 大きい
th-	タ行 ただしthi-は「ティ」、 thu-は「トゥ」と読む。 息を出しながら発音 する（有気音）。	ター **thả** 放す	ティー **thi** 試験する	トゥ **thu** 〈秋〉	テエ **thẻ** カード	トオ **thỏ** うさぎ
đ-	ダ行 ただしdi-は「ディ」、 du-は「ドゥ」と発音 する。	ダアッ **đã** 過去形	ディ **đi** 行く	ドゥ **đủ** 十分な	デーン **đen** 黒い	ドオ **đỏ** 赤い
ch-	チャ行 （日本語と同じ）	チャー **cha** 父	チ **chị** あなた	チュー **chủ** 〈主〉	チェー **chè** ぜんざい	チョー **chờ** 待つ
tr-	※tr-は少しこもったよ うな音になる。	チャー **trà** 〈茶〉	チ **trị** 〈治〉	チュー **trừ** 除く	チェエ **trẻ** 若い	チョオ **trở** 戻る

ナ行

語頭子音	発音のしかた	単語例				
		a ă â	i y	u ư	e ê	o ô ơ
n-	ナ行 （日本語と同じ）	ナーム **nam** 〈南〉	ニイ **nỉ** 毛織の	ヌウッ **nữ** 〈女〉	ネーム **nem** 春巻き	ノー **no** 満腹な
nh-	ニャ行 （日本語と同じ）	ニャッ **nhật** 〈日〉	ニイ **nhỉ** 〜ですね	ニュー **nhu** 〈需〉	ニエ **nhé** 〜しましょう	ニョオ **nhỏ** 小さい

ハ行

語頭子音	発音のしかた	単語例				
		a ă â	i y	u ư	e ê	o ô ơ
h-	ハ行 （日本語と同じ）	ハー **hà** 〈河〉	ヒー **hi** 笑い声	フッ **hút** 吸う	ヘー **hè** 夏	ホー **hồ** 〈湖〉
b-	バ行 （日本語と同じ）	バー **bà** 〈婆〉	ビー **Bỉ** ベルギー	ブッ **bút** ペン	ベー **bé** 赤ん坊	ボー **bò** 牛
ph-	ファ行 上歯で下唇を軽く 噛んで	ファー **pha** 混ぜる	フィー **phí** 〈費〉	フッ **phút** 分	フェー **phe** 派閥	フォー **phở** フォー
v-	ヴァ行 上歯で下唇を軽く 噛んで	ヴァー **và** そして	ヴィ **ví** 財布	ヴウッ **vũ** 〈武〉	ヴェー **về** 帰る	ヴォ **vợ** 妻
p-	パ行 （日本語と同じ） 外来語にのみ使用	パリ **Pa-ri** パリ	ピン **pin** 電池	プッディン **pudding** プリン	ペーダン **pê-đan** ペダル	ポーケー **pô-kê** ポーカー

マ行

語頭子音	発音のしかた	単語例				
		a ă â	i y	u ư	e ê	o ô ơ
m-	マ行 （日本語と同じ）	マー **mà** しかし	ミー **mì** 麺	ムウッ **mũ** 帽子	メ **mẹ** 母	モオ **mở** 開ける

ラ行

語頭子音	発音のしかた	単語例				
		a ă â	i y	u ư	e ê	o ô ơ
l-	ラ行 （日本語と同じ）	ラー **là** である	リー **ly** グラス	ルウッ **lũ** 洪水	レエッ **lễ** 〈礼〉	ロン **lon** 缶

●語末子音

　単語の最後につく子音は大きく2つのグループに分けられます。「ン」は口の開閉に注意し、「ッ」は読む手前で止めるのがポイントです。

いろいろな「ン」

語末子音	読み方	単語例	
- m	上下の唇をしっかり閉じて「ン（ム）」	エーム em あなた	ラーム làm する
- n	舌先を前歯の裏につけて「ン」	ボン bốn 4	ンゴーン ngon おいしい
- nh	舌先を前歯の裏につけて「ィン」	アイン anh あなた	シイン xinh 美しい
- ng	口を開けたまま鼻に抜けるような「ン」 -u/o/ôngのときはほおを膨らませながら口を閉じる	ダーン đang 現在進行	ドン đồng ベトナムの貨幣

いろいろな「ッ」

語末子音	読み方	単語例	
- c	「ック」の「ク」と言う手前で、口を開けたまま「ッ」、-u/o/ôcのときは、ほおをふくらませながら口を閉じる	マッ mặc 着る	ホッ học 勉強する
- ch	「イック」の「ク」と言う手前で、口を開けたまま「イッ」	サイッ sách 本	ティッ thích 好む
- t	「ット」の「ト」と言う手前で舌先を前歯の裏につけて「ッ」	ハッ hát 歌う	トッ tốt 良い
- p	「ップ」の「プ」という言う手前で上下の唇をしっかり閉じて「ッ」	ファッ Pháp フランス	デッ đẹp きれい

練習問題 ❸ 声調、母音、子音をすべて意識して読みましょう。

1_09
S1_09

① トイ ラー ニャン ヴィエン コン ティ

Tôi là nhân viên công ty.

私は会社員です。

② アイン アイー ダアッ アン バイン ンゴッ

Anh ấy đã ăn bánh ngọt.

彼はケーキを食べました。

③ チ ホア ダーン ゾン ゼッ ニャー

Chị Hoa đang dọn dẹp nhà.

ホアさんは家の片づけをしています。

④ トイ コン ティッ オー カイッ サン

Tôi không thích ở khách sạn.

私はホテルに泊まるのが好きではありません。

⑤ ターン ターム コン トイ セエッ ヴェー クエー

Tháng tám con tôi sẽ về quê.

8月に私の子どもは故郷に帰ります。

⑥ ブオイ チュア トイ アン ブオイ チュア

Buổi trưa tôi ăn bưởi chua.

私はお昼にすっぱいザボン※を食べます。　　　※グレープフルーツに似た大きな果物

単語と文の組み立て

単語の構成

　ベトナム語の単語は基本的に1音節＝1語です。単語の中に、「語頭子音＋母音＋語末子音＋声調」の要素が含まれます。単語によっては語頭子音がないもの、語末子音がないもの、母音だけのものなどがありますが、声調（→P.18）はどんな単語にも必ず6種類のうちのいずれかがつきます。

例）語頭子音＋母音＋語末子音＋声調

　　　　　　　┌ 声調
bàn
語頭子音　母音　語末子音
机〈盤〉

例）語頭子音＋母音＋声調

　　　　　　　┌ 声調
bà
語頭子音　　　母音
祖母〈婆〉

母音＋語末子音＋声調

　　　　　　　┌ 声調
án
母音　　　語末子音
判決〈案〉

母音＋声調

　　　　┌ 声調
à
母音
ああ、あっ、ところで

　単語の中には2つまたは3つの音節で1語となるものもあります。これらは漢字やフランス語などの外来語に由来し、切り離すことができず、まとまり（熟語）として使います。

例）
ヴィエッ　ナーム
Việt Nam
ベトナム〈越南〉

バッ　ドン　サーン
bất động sản
〈不動産〉

　ある単語を別の単語とつなげて表現する場合、ベトナム語は修飾関係が日本語や英語とは逆で、前の名詞を、後ろの形容詞や名詞が修飾します。

例）
アオ　ザーイ
áo dài
上の服　長い
アオザイ

ングオイ　ヴィエッ　ナーム
người Việt Nam
人　　　ベトナム〈越南〉
ベトナム人

文型

　ベトナム語の文型は基本的には英語と似ていますが、ベトナム語では主語の単数・複数や時制による語形変化が一切なく、また形容詞文と一般動詞文の構造は同じです。それぞれの否定形・疑問形は専用の語句を入れることで表現します。

●名詞文

　英語のbe動詞（am/are/is）にあたるlà（ラー）を使い、làの前後がイコールであることを示します。

肯定 主語 + là^{ラー} + 名詞

例）Tôi là người Nhật.
トイ　ラー　ングオイ　ニャッ
私は日本人です。

否定 主語 + không phải là^{コン ファーイ ラー} + 名詞

例）Tôi không phải là người Nhật.
トイ　コン　ファーイ　ラー　ングオイ　ニャッ
私は日本人ではありません。

疑問 主語 + có phải là^{コー ファーイ ラー} + 名詞 + không?^{コン}

例）Anh có phải là người Nhật không?
アイン　コー　ファーイ　ラー　ングオイ　ニャッ　コン
あなたは日本人ですか？

●形容詞文

英語と異なり、be動詞は使わず、主語の直後に形容詞が置かれます。

肯定 主語 + 形容詞

例）<ruby>Tôi<rt>トイ</rt></ruby> <ruby>đói.<rt>ドーイ</rt></ruby>
私はおなかが空いています。

否定 主語 + <ruby>không<rt>コン</rt></ruby> + 形容詞

例）<ruby>Tôi<rt>トイ</rt></ruby> <ruby>không<rt>コン</rt></ruby> <ruby>đói.<rt>ドーイ</rt></ruby>
私はおなかが空いていません。

疑問 主語 + <ruby>có<rt>コー</rt></ruby> + 形容詞 + <ruby>không?<rt>コン</rt></ruby>

例）<ruby>Anh<rt>アイン</rt></ruby> <ruby>có<rt>コー</rt></ruby> <ruby>đói<rt>ドーイ</rt></ruby> <ruby>không?<rt>コン</rt></ruby>
あなたはおなかが空いていますか？

●動詞文

「～する」と言う一般動詞の文は、英語と同じく、主語＋動詞（＋目的語）で表現します。否定形・疑問形のつくり方は形容詞文と同じです。

肯定 主語 + 動詞（＋目的語）

例）<ruby>Tôi<rt>トイ</rt></ruby> <ruby>ăn<rt>アン</rt></ruby> <ruby>bánh<rt>バイン</rt></ruby> <ruby>mì.<rt>ミー</rt></ruby>
私はパンを食べます。

否定 主語 + <ruby>không<rt>コン</rt></ruby> + 動詞（＋目的語）

例）<ruby>Tôi<rt>トイ</rt></ruby> <ruby>không<rt>コン</rt></ruby> <ruby>ăn<rt>アン</rt></ruby> <ruby>bánh<rt>バイン</rt></ruby> <ruby>mì.<rt>ミー</rt></ruby>
私はパンを食べません。

疑問 主語 + <ruby>có<rt>コー</rt></ruby> + 動詞（＋目的語）+ <ruby>không?<rt>コン</rt></ruby>

例）<ruby>Anh<rt>アイン</rt></ruby> <ruby>có<rt>コー</rt></ruby> <ruby>ăn<rt>アン</rt></ruby> <ruby>bánh<rt>バイン</rt></ruby> <ruby>mì<rt>ミー</rt></ruby> <ruby>không?<rt>コン</rt></ruby>
あなたはパンを食べますか？

時制

　ベトナム語は時制による語形変化が一切ありません。時制を表す際には主語のあと、動詞の前に決められた助動詞を入れます。ただし、文中に「来週」「今」「昨日」など時を表す単語がある場合には、これらの助動詞を省略することができます。

●未来形／現在進行形／過去形

未来形 ～します　　　主語 ＋ **sẽ** ＋ 動詞（＋目的語）

例）　トイ　セエッ　アン　　コム
　　Tôi sẽ ăn cơm.
　　私はご飯を食べます。

- -

現在進行形 ～しています　　主語 ＋ **đang** ＋ 動詞（＋目的語）

例）　トイ　　ダーン　アン　　コム
　　Tôi đang ăn cơm.
　　私はご飯を食べています。

- -

過去形 ～しました　　　主語 ＋ **đã** ＋ 動詞（＋目的語）

例）　トイ　ダアッ　アン　　コム
　　Tôi đã ăn cơm.
　　私はご飯を食べました。

●完了形

完了形 もう～しました　　主語 ＋ **đã** ＋ 動詞（＋目的語）＋ **rồi**

例）　トイ　ダアッ　アン　　コム　　ゾーイ
　　Tôi đã ăn cơm rồi.
　　私はもうご飯を食べました。

＊đãは省略する
　ことができます。

人称代名詞と指示代名詞

人称代名詞

1_12
S1_12

　ベトナム語は人称代名詞がとても多様な言語です。自分から見た相手の年齢と性別によって二人称「あなた」（英語のyou）を使い分けます。また、一人称「私」も相手の二人称「あなた」に合わせて変えます。これらは、人と人との関係性を重んじるベトナムの人々にとっては非常に大切な区別であり、ベトナム語を学ぶうえではぜひ知っておきたいことです。

●二人称「あなた」（単数形）

相手の年齢（自分の年齢から見た）	相手が男性	相手が女性
祖父母くらい年上	オン ông	バー bà
両親と同じくらい年上かそれ以上	バッ bác	バッ bác
両親より少し若いくらい年上	チュー chú	コー cô
兄・姉くらい年上	アイン anh	チ chị
弟・妹くらい年下	エーム em	エーム em
子・孫くらい年下	チャウ cháu	チャウ cháu

※相手が先生の場合は年齢を問わず性別のみで　thầy（タイー／男性）、cô（コー／女性）と使い分けます。

34

●三人称「彼」「彼女」（単数形）

　ベトナム語の三人称「彼」「彼女」（英語のheやshe）は、二人称「あなた」の後ろにấy（アイー）をつけて表します。

$$\boxed{\text{二人称「あなた」} + \overset{\text{アイー}}{\text{ấy}} = \text{「彼」「彼女」}}$$

例）

$\overset{\text{アイン}}{\text{anh}}\ \overset{\text{アイー}}{\text{ấy}}$　　彼（自分の兄くらい年上の男性）（→ 英語 he）

$\overset{\text{チ}}{\text{chị}}\ \overset{\text{アイー}}{\text{ấy}}$　　彼女（自分の姉くらい年上の女性）（→ 英語 she）

$\overset{\text{エーム}}{\text{em}}\ \overset{\text{アイー}}{\text{ấy}}$　　彼・彼女（自分の弟・妹くらい年下の男女）（→ 英語 he / she）

●二人称「あなた」と三人称「彼」「彼女」の複数形

　二人称と三人称の前にcác（カッ）〈各〉をつけて表します。三人称複数には、性別や年齢を問わずに使えるhọ（ホ）（英語のthey）という便利な単語もあります。

$$\boxed{\overset{\text{カッ}}{\text{các}} + \text{二人称} = \text{「あなたたち」}}$$

$$\boxed{\overset{\text{カッ}}{\text{các}} + \text{三人称} = \text{「彼ら」「彼女ら」} \quad / \quad \overset{\text{ホ}}{\text{họ}} = \text{「彼ら・彼女ら」}}$$

例）

$\overset{\text{カッ}}{\text{các}}\ \overset{\text{エム}}{\text{em}}$　　あなたたち（自分の弟・妹くらい年下の男女）（→ 英語 you）

$\overset{\text{カッ}}{\text{các}}\ \overset{\text{エム}}{\text{em}}\ \overset{\text{アイー}}{\text{ấy}}$　　彼ら・彼女ら（自分の弟・妹くらい年下の男女）（→ 英語 they）

●一人称「私」（単数形）と「私たち」（複数形）

　ベトナム語の一人称にも単数形（英語のI）、複数形（英語のwe）があります。

$$\boxed{\overset{\text{トイ}}{\text{tôi}} = \text{「私」}}$$

$$\boxed{\overset{\text{チュン}}{\text{chúng}}\ \overset{\text{トイ}}{\text{tôi}} = \text{「私たち」}{\small(\text{相手を含まない})} \quad / \quad \overset{\text{チュン}}{\text{chúng}}\ \overset{\text{ター}}{\text{ta}} = \text{「私たち」}{\small(\text{相手を含む})}}$$

　本来は、一人称「私」も、二人称「あなた」と同じように、相手の年齢や性別によって変えます。例えば自分から見て兄くらい年上の相手ならanhと呼び、自分のことはemと言います。ですが、本書では学習を進めやすくするために一人称にはtôi※を、二人称には主にanh、chị、emを使用します。

※一人称tôiは日本語の「わたくし」のように他人行儀的で堅い表現のため、ベトナムでは限定的な場面で使われます。

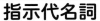

指示代名詞

日本語と同様、ベトナム語にも「この」「その」などにあたる指示代名詞があります。日本語では名詞の前に置きますが、ベトナム語では名詞または類別詞（→P.38）＋指示代名詞の順で表します。

この〜	その〜	あの〜	どの〜
名詞 類別詞 ＋ **này** _{ナイー} 類別詞＋名詞	名詞 類別詞 ＋ **đó** _{ドー} 類別詞＋名詞	名詞 類別詞 ＋ **kia** _{キーア} 類別詞＋名詞	名詞 類別詞 ＋ **nào** _{ナーオ} 類別詞＋名詞

場所や物、人を指す語と組み合わせると次のようになります。

場所	コン ティ ナイー **công ty này** この会社	コン ティ ドー **công ty đó** その会社	コン ティ キーア **công ty kia** あの会社	コン ティ ナーオ **công ty nào** どの会社
物（生物以外）	カーイ ブッ ナイー **cái bút này** このペン	カーイ ブッ ドー **cái bút đó** そのペン	カーイ ブッ キーア **cái bút kia** あのペン	カーイ ブッ ナーオ **cái bút nào** どのペン
動物	コン チョー ナイー **con chó này** この犬	コン チョー ドー **con chó đó** その犬	コン チョー キーア **con chó kia** あの犬	コン チョー ナーオ **con chó nào** どの犬
人	バッ シイッ ナイー **bác sĩ này** この医師	バッ シイッ ドー **bác sĩ đó** その医師	バッ シイッ キーア **bác sĩ kia** あの医師	バッ シイッ ナーオ **bác sĩ nào** どの医師

練習問題 ❹ 人称代名詞と指示代名詞の練習をしましょう。

[問] 相手と次のような関係性のときに、「私」（一人称）と「あなた」（二人称）に使用する人称代名詞をそれぞれ答えましょう。

① 「私」が25歳女性、「あなた」が20歳女性のとき、
一人称は（a　　　　　　　）、二人称は（b　　　　　　　　）となります。
反対に、「私」が20歳女性、「あなた」が25歳女性のときは、
一人称は（c　　　　　　　）、二人称は（d　　　　　　　　）となります。

② 「私」が30歳男性、「あなた」が35歳男性のとき、
一人称は（e　　　　　　　）、二人称は（f　　　　　　　　）となります。
反対に、「私」が35歳男性、「あなた」が30歳男性のときは、
一人称は（g　　　　　　　）、二人称は（h　　　　　　　　）となります。

③ 「私」が20歳男性、「あなた」が60歳女性のとき、
一人称は（i　　　　　　　）、二人称は（j　　　　　　　　）となります。
反対に、「私」が60歳女性、「あなた」が20歳男性のときは、
一人称は（k　　　　　　　）、二人称は（l　　　　　　　　）となります。

[問] 同じ意味になるベトナム語と日本語を線で結びましょう。

④ バッ　シイッ　ナーオ
bác sĩ nào ●　　　　　　● a その犬

⑤ コン　ティー　ナイー
công ty này ●　　　　　　● b あのペン

⑥ カーイ　ブッ　キーア
cái bút kia ●　　　　　　● c どの医師

⑦ コン　チョー　ドー
con chó đó ●　　　　　　● d この会社

答え

① a チ chị　b エーム em　c エーム em　d チ chị　② e エーム em　f アイン anh　g アイン anh　h エーム em

③ i チャウ cháu　j バッ bác　k バッ bác　l チャウ cháu　④ c　⑤ d　⑥ b　⑦ a

複雑で大切な「類別詞」

ベトナム語には「類別詞」と呼ばれる単語があります。主に名詞の前に置かれ、その名詞が生物か、生物以外か、生物以外なら書物か、果物かなどを示す手がかりになります。日本語にはなじみのない概念です。

例）

コン　チョー
con　chó　con「生物を表す類別詞」＋ chó「犬」

カーイ　ブッ
cái　bút　cái「生物以外を表す類別詞」＋ bút「ペン」

　名詞を用いるときには必ず類別詞を伴うかというと、そうではありません。①類別詞の後ろの名詞が「特定のもの」であることを示したいとき、②数字を伴って助数詞（ものを数える単位）の役割を果たすとき、主にこの2つの場面で類別詞は使われます。

　①の例：私はこの犬を飼いたい。

トイ　ムオン　ヌオイ　コン　チョー　ナイー
Tôi　muốn　nuôi　con　chó　này.
私　　したい　　飼う　　類別詞　　犬　　この

▶飼いたいのは「この犬」だと特定しています。「類別詞＋名詞＋指示代名詞」の形で使われます。

「類別詞＋指示代名詞」だけの形で使うこともよくあります。代表的なものに **cái này**（カーイ　ナイー）「これ」があり、本書でも多数登場します。

　②の例：ペンを3本ください。

チョー　トイ　バー　カーイ　ブッ
Cho　tôi　ba　cái　bút.
あげる　私　3　類別詞　ペン

▶「数字＋類別詞＋名詞」の順で「名詞をいくつ」というものの数を表します。ここでは cái が助数詞の役割を担い、「〜個、〜つ、〜本」を意味します。

　本書での紹介はここまでですが、一説によると200種類以上あると言われる類別詞。その区別は複雑ですが、向き合うことでよりベトナム語への理解が深まります（P.89でも②の役割を紹介しています）。

第 2 章
超基本フレーズを
覚えよう

あいさつや自己紹介、返事、お礼、おわびなど、

基本的なものから少し踏み込んだものまで、

すぐに使えるフレーズばかりを集めました。

音声をしっかり聞いて

フレーズを丸暗記するつもりで練習しましょう。

こんにちは。

チャオ　アイン

Chào anh.

ここが入れ替わります

おはよう。／こんにちは。／こんばんは。
はじめまして。／さようなら。

 1日中使える基本のあいさつ

　朝から晩まで、どの時間帯でも使えます。また、「はじめまして」「さようなら」としても使える万能なあいさつ表現です。「あいさつする」という意味の動詞 **Chào**（チャオ）の後ろに、相手に合った人称代名詞（→P.34）をつけて、親しみを込めて使うのが一般的です。Chào の前に「請う、求める」の意味を持つ漢越語（→P.16）**Xin**（シン）〈請〉をつけると、ていねいな表現になります。

基本
文型　　**Chào ＋** 人称代名詞 **.**

40

おはよう。／こんにちは。／こんばんは。／はじめまして。／さようなら。

チャオ
Chào ＋
あいさつする

アイン
anh.
あなた

＊自分から見て兄くらい年上の男性にあいさつをするときに。

チ
chị.
あなた

＊自分から見て姉くらい年上の女性にあいさつをするときに。

エーム
em.
あなた

＊自分から見て弟・妹くらい年下の男女にあいさつをするときに。

LEVEL UP

男性の先生にあいさつをするとき

シン　　　　チャオ　　　　タイー
Xin　chào　thầy.
〈請〉　　あいさつする　　男性の先生

＊自分より立場が上の、学校の先生などにあいさつをするときはXin（シン）をつけましょう。学校の先生は、男性がthầy（タイー）、女性がcô（コー）です。

兄・姉くらい年上の男女2人にあいさつをするとき

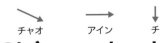

チャオ　　　　アイン　　　チ
Chào anh chị.
あいさつする　　　あなたたち

＊相手が複数、性別が異なる場合は、その人称代名詞を続けて言います。

41

私の名前は□□です。

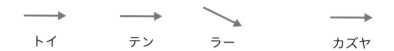

| トイ | テン | ラー | カズヤ |

Tôi tên là Kazuya.

ここが入れ替わります

私の名前はカズヤです。

🪷 自己紹介の第一歩

　Tôi（トイ）＋ tên（テン）＋ là（ラー）＋名前で、自分の名前を伝えることができます。Tôiは主語で「私」、tênは「名前」を表し、làは英語でいう be動詞「〜である」の役割を果たしています。ベトナムではその人との関係や場面にかかわらず下の名前で呼び合う習慣があるため、自分が名乗るときも姓ではなく名を伝えましょう。日本語の名前は、お経を読むように音に高低をつけないように意識すると聞き取ってもらいやすくなります。

 基本文型　主語 ＋ tên ＋ là ＋ 名前 .

私の名前はハナコです。

トイ テン ラー ハナコ
Tôi tên là Hanako.
私　　名前　　である　　ハナコ

私の名前はタオです。

トイ テン ラー ターオ
Tôi tên là Thảo.
私　　名前　　である　　タオ

＊タオはベトナム人女性に多い名前で、漢字の〈草〉に由来します。

彼の名前はフンです。

アイン アイー テン ラー フン
Anh ấy tên là Hùng.
彼　　　　名前　　である　　フン

＊フンはベトナム人男性に多い名前で、漢字の〈雄〉に由来します。

LEVEL UP

あなたの名前は何ですか？

エーム テン ラー ジー
Em tên là gì?
あなた　名前　　である　何

＊相手の名前を聞いてみましょう。主語の人称代名詞は相手に合わせて使い分けることが大切。ここでは自分から見て弟・妹くらい年下の男女に対して聞いています。

元気ですか？

エーム　　　コー　　　コエー　　　　コン

Em có khỏe không?

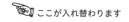ここが入れ替わります

元気ですか？

 相手の様子を伺う

　本来は「ある」の意味を持つcó（コー）と、「ない」の意味を持つkhông（コン）ですが、間に「元気な」を意味する形容詞khỏe（コエー）が入ると、「元気ですか」という疑問文になります。文頭には相手の人称代名詞（→P.34）を主語として置きます。主語を省略すると乱暴な言葉づかいをしている印象を与えてしまいます。失礼にならないよう、主語は必ずつけましょう。

基本
文型　　　主語 ＋ có khỏe không?

元気ですか？

アイン　　コー　　コエー　　　　コン

Anh có khỏe không?

あなた　　　ある　　　元気な　　　　　ない

ホアさんは元気ですか？

チ　　　ホア　　　コー　　　コエー　　　　コン

Chị Hoa có khỏe không?

さん　　　ホア　　　ある　　　元気な　　　　　ない

＊人称代名詞は名前と一緒に使うと「〜さん」という敬称としての役割を果たします。

（男性の先生に対して）お元気でしょうか？

タイー　　　コー　　　コエー　　　　　　コン　　　　ア

Thầy có khỏe không ạ?

男性の先生　　ある　　　元気な　　　　　　ない　　　敬意

＊ạ（ア）を文末に置き、相手を敬って聞いています。

LEVEL UP

はい、元気です。

コー　　トイ　　コエー

Có, tôi khỏe.

はい　　私　　元気な

＊「元気ですか？」の返答には、「はい」có（コー）、「いいえ」không（コン）を使います。「いいえ、元気ではありません。」と答えるときは、Không, tôi không khỏe.（コン トイ コン コエー）となります（→P.50）。

45

さようなら。

タム　　　　　ビエッ　　　　エーム

Tạm biệt em.

👉 ここが入れ替わります

さようなら。

🪷 しばらく会えない人に対する別れの言葉

　Tạm biệt（タム　ビエッ）は、〈暫〉と〈別〉という漢越語（→P.16）の組み合わせで成り立ち、「しばしのお別れ」という表現になります。後ろに人称代名詞をつけて使います。前出のChào（チャオ）（→P.40）が日常的に交わされる気軽な別れのあいさつであるのに対して、Tạm biệt は帰国や留学などで離れ、次に会うのがいつになるかわからない相手に使うかしこまった表現です。近々再会予定のある相手に対しては使いません。

 基本文型　　Tạm biệt ＋ 人称代名詞 .

さようなら。

タム　　ビエッ

Tạm biệt ＋
さようなら〈暫別〉

アイン

anh.
あなた

＊自分から見て兄く
　らい年上の男性に
　別れのあいさつを
　するときに。

チ

chị.
あなた

＊自分から見て姉く
　らい年上の女性に
　別れのあいさつを
　するときに。

エーム

em.
あなた

＊自分から見て弟・
　妹くらい年下の男
　女に別れのあいさ
　つをするときに。

LEVEL UP

また会いましょう。

ヘン　　　ガッ　　　ライ

Hẹn gặp lại.
約束する　会う　再び

＊近々再会する予定の相手
　には、「再会を約束しま
　しょう」を意味するHẹn
　gặp lại.（ヘン ガッ ライ）
　がよく使われます。

また明日会いましょう。

ンガイー　マーイ　　ガッ　　ライ

Ngày mai gặp lại.
明日　　　　　会う　再び

＊いつ再会するか決まって
　いる場合は、時を表す単
　語（→P.144）＋ gặp lại
　（ガッ ライ）「いついつに
　また会いましょう」も使
　われます。

ありがとう。

カーム　　　　オン　　　　チ

Cảm ơn chị.

ここが入れ替わります

ありがとう。

 感謝の気持ちを伝える

　Cảm ơn（カーム オン）は、〈感〉と〈恩〉という漢越語（→P.16）で成り立っています。また、Cảm ơnは「感謝する」という動詞でもあります。Chào（チャオ）（→P.40）と同様、お礼を言う相手の人称代名詞をつけて使います。Cảm ơnの前にXin（シン）をつけると、ていねいな表現になり、立場が上の人に言うときや、店員がお客さんに対して言うときに使います。

基本
文型

Cảm ơn ＋ 人称代名詞 .

48

ありがとう。

カーム　オン
Cảm ơn ＋
感謝する〈感恩〉

アイン
anh.
あなた

＊自分から見て兄くらい年上の男性に感謝の気持ちを伝えるときに。

チ
chị.
あなた

＊自分から見て姉くらい年上の女性に感謝の気持ちを伝えるときに。

エーム
em.
あなた

＊自分から見て弟・妹くらい年下の男女に感謝の気持ちを伝えるときに。

（女性の先生に対して）ありがとうございます。

シン　　カーム　　オン　　コー
Xin cảm ơn cô.
〈請〉　　感謝する〈感恩〉　　女性の先生

＊「女性の先生」は立場が上の人なのでxin（シン）をつけます。

LEVEL UP

どうもありがとう。

カーム　　オン　　チ　　ニエウ
Cảm ơn chị nhiều.
感謝する〈感恩〉　　あなた　　たくさん

＊文末に「たくさん」の意味の副詞のnhiều（ニエウ）をつけると感謝の度合いが強まります。ここでは自分から見て姉くらい年上の女性に対して言っています。

はい。/ いいえ。

→ ヴァン

→ コン

Vâng. / Không.

はい。 いいえ。

 会話にはずみをつける Yes と No の表現

　ベトナム語には「はい」にあたる単語がいくつかありますが、代表的なのが **Vâng**（ヴァン）です。主に会話のあいづちや **là**（ラー）を使った文の返答として使います。形容詞や動詞を使った疑問形への返答には **Có**（コー）を使うこともあります。一方、「いいえ」は **Không**（コン）１つでほとんど対応することができます。例外的な返答については第３章をご参照ください。

基本
単語

Vâng.

Không.

50

はい、どういたしまして。

ヴァン	コン	コー	ジー
Vâng,	**không**	**có**	**gì.**
はい	ない	ある	何

＊ Cảm ơn chị.（カーム オン チ）「ありがとう」と言われたときなどに。

はい、私の名前はフンです。

ヴァン	トイ	テン	ラー	フン
Vâng,	**tôi**	**tên**	**là**	**Hùng.**
はい	私	名前	である	フン

＊ Anh tên là Hùng, phải không?（アイン テン ラー フン ファーイ コン）「あなたの名前はフン、ですよね？」などと名前を確認されたときに。

いいえ、彼女の名前はユキです。

コン	チ	アイー	テン	ラー	ユキ
Không,	**chị**	**ấy**	**tên**	**là**	**Yuki.**
いいえ		彼女	名前	である	ユキ

＊ Chị ấy tên là Miki, phải không?（チ アイー テン ラー ミキ ファーイ コン）「彼女の名前はミキ、ですよね？」などと名前を確認されたときに。

かしこまりました。

ヴァン	ア
Vâng	**ạ.**
はい	敬意

＊後ろにạ（ア）をつけることで、相手への敬意をこめることができます。

ごめんなさい。

シン　　ロイッ　　アイン

Xin lỗi anh.

☞ ここが入れ替わります

ごめんなさい。

 自分の間違いを認めて謝るときに

　Xin（シン）「請う、求める」とlỗi（ロイッ）「過ち、過失」を組み合わせた
おわびの表現です。「ちょっとすみません」というような相手への声かけとして
使うことはありません。自分が何か間違ったことを行い、それを謝るときにのみ
使います。また、後ろに人称代名詞をつけて使うのが一般的です。

基本
文型　　　Xin lỗi ＋ 人称代名詞 .

ごめんなさい。

シン　ロイッ
Xin lỗi ＋
謝る

→
アイン
anh.
あなた

＊自分から見て兄くらい年上の男性に謝るときに。

↓
チ
chị.
あなた

＊自分から見て姉くらい年上の女性に謝るときに。

→
エーム
em.
あなた

＊自分から見て弟や妹くらい年下の男女に謝るときに。

ごめんね。

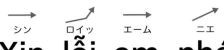

シン　ロイッ　エーム　ニエ
Xin lỗi em nhé.
謝る　　　　あなた　　〜ね

＊nhé（ニエ）をつけると、親しみのこもった表現になります。相手の年齢にかかわらず使えます。

申し訳ありません。

トイ　シン　ロイッ　チ
Tôi xin lỗi chị.
私　　謝る　　　　あなた

＊文頭に主語Tôi（トイ）をつけると、よりていねいな表現になります。

53

どうぞ。

モーイ　　　　　チ

Mời chị.

👉 ここが入れ替わります

どうぞ。

 ゆずる、すすめるなどの気持ちを伝える場面で

　「招く、招待する」を意味する **Mời**（モーイ）と、人称代名詞（→P.34）を組み合わせて「どうぞ」という表現に。相手に何かをすすめたり、行動を促したりするときに使えます。人称代名詞の後ろに動詞を加えることで「どうぞ〜してください」という意味になり、相手に具体的な行動を促すこともできます。立場が上の人と話す場面では、**Mời** の前に **Xin**（シン）をつけ、敬意を添えましょう。

基本文型	**Mời** ＋ 人称代名詞 （＋動詞）.

どうぞ。

アイン
anh.
あなた

チ
chị.
あなた

エーム
em.
あなた

モーイ
Mời +
どうぞ

＊自分から見て兄くらい年上の男性に「どうぞ」という気持ちを伝えるときに。

＊自分から見て姉くらい年上の女性に「どうぞ」という気持ちを伝えるときに。

＊自分から見て弟や妹くらい年下の男女に「どうぞ」という気持ちを伝えるときに。

どうぞお先に。

モーイ　　チ　　ディ　　チュオッ
Mời chị đi trước.
どうぞ　　あなた　行く　　先に

LEVEL UP

みなさん、どうぞ召し上がれ。

モーイ　　カー　　ニャー　　アン　　コム
Mời cả nhà ăn cơm.
どうぞ　　じゅう　　家　　食べる　　ご飯

＊日本語の「いただきます」にあたるベトナム語はありませんが、家族や友人たちと食卓を囲むときには、互いにこうして声をかけあって食べ始めます。

55

いいなぁ！

トッ　　　　クアー

Tốt quá!

いいなぁ！

 相手をほめて喜んでもらう

　「良い」を意味する形容詞 **tốt**（トッ）と、「とても〜だなぁ」と感嘆を意味する副詞 **quá**（クアー）〈過〉を組み合わせると、相手の行動や発言、物の性能、出来事などをほめる表現になります。このままでも通じますが、**tốt** の前に主語をつけると、何をほめているのかがより明確になります。「とても」を表す副詞（→P.73）の中でも、**quá** は口語的に使われ、気持ちのこもった表現です。

> 基本
> 文型
>
> （ 主語 ＋）**tốt quá !**

わぁ、いいなぁ！

オー　　トッ　　クアー

Ổ, tốt quá!

わあ　　良い　　感嘆

いいバイクだなぁ！

セー　　マイー　　ナイー　　トッ　　クアー

Xe máy này tốt quá!

バイク　　　　この　　　良い　　感嘆

＊ xe máy（セー マイー / 主語）をほめています。

いい店だなぁ！

クアン　　ナイー　　トッ　　クアー

Quán này tốt quá!

店　　　　この　　良い　　感嘆

＊ quán này（クアン ナイー / 主語）をほめています。

LEVEL UP

（SNSの）いいね！

ティッ

Thích!

好き

＊Facebookなど SNSでお馴染みの「いいね！」。英語で
はLike!ですが、ベトナム語でも「好き」を意味する
Thích!（ティッ）で表します。Tốtよりも、自分がそれ
を気に入っていることを表現でき、実際の会話でも
Thích quá!（ティック クアー）の形でよく使われます。

大丈夫ですか？

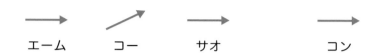

| エーム | コー | サオ | コン |

Em có sao không?

👉 ここが入れ替わります

大丈夫ですか？

 気軽に使える相手の様子を伺う表現

　sao（サオ）は名詞では「星」、疑問詞では「なぜ、どうして」を意味する単語ですが、ここではそれらの意味を持たず、「ある」の意味を持つcó（コー）と「ない」の意味を持つkhông（コン）ではさみ、**Có sao không?**（コー　サオ　コン）のひとまとまりで「問題ありませんか？」「大丈夫ですか？」という表現になります。相手の様子を伺う場面で幅広く使えるフレーズです。

基本文型　主語 ＋ có sao không？

大丈夫ですか？

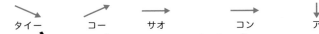

アイン　コー　サオ　コン

Anh có sao không?

あなた　　　　大丈夫ですか

（男性の先生に対して）大丈夫でしょうか？

タイー　コー　サオ　コン　ア

Thầy có sao không ạ?

男性の先生　　　大丈夫ですか　　敬意

＊ạ（ア）を文末につけると、敬意を表しながら相手の様子を伺うことができます。

どうしたの？

エーム　ビ　ラム　サオ　テー

Em bị làm sao thế?

あなた　被る　　どうする　そのような

＊ Có sao không?（コー サオ コン）に比べ、明らかに相手が困った様子を見せて
いるときなどに、何かしらの異変を感じて様子を伺う表現です。

大丈夫です。

コン　サオ

Không sao.

問題ない

＊ Không sao（コン サオ）は「大丈夫」「問題ない」の意。ベトナム人がよく使う
フレーズです。

よく耳にするベトナム語独自の表現

　ベトナムでよく耳にする独自の日常表現があります。特に筆者が好きなのは、次の3つです。

■Ăn cơm chưa?（アン コム チュア）「ご飯食べた？」
　私たち日本人にとっては、ご飯に誘われているような気持ちになりますが、ベトナム語では相手の調子や様子を伺い、相手を気遣う日常表現の1つ。「元気？」や「どうしてる？」に近いものがあります（P.178でも触れています）。

■Trời ơi!（チョーイ オーイ）「空よ！」
　「空、天」のtrời（チョーイ）と、「あの〜、おーい」と人を呼ぶときに使うơi（オーイ）を組み合わせた表現。英語のOh my God!と同様、驚きやうれしさ、悲しさ、怒りなどの表現に幅広く使えます。北部では同じ意味でỐi giời ơi!（オイ ゾーイ オーイ）と言うこともあります。

■Thông cảm（トン カーム）「わかってね」
　漢越語の〈通感〉で、「共感する」という意味の動詞。例えばEm thông cảm cho chị nhé.（エーム トン カーム チョー チ ニエ）「あなたは私のことをわかってね」というように、相手に自分の状況をわかってほしい場面で使われます。筆者の経験では、いつものカフェにコーヒーを買いに行ったら売り切れだったときに店員さんに言われたり、家庭の事情で約束を守れなかった友人に言われたりと、日常のさまざまな場面で耳にしました。自分のミスを認めて謝罪するXin lỗi（シン ローイ）「ごめんなさい」（→P.52）もありますが、Thông cảmには人情や、互いに許し合うことを大切にしているベトナムの人々の考え方を感じることができます。

基礎編　第 **3** 章

文法を学んで
フレーズを理解しよう

ベトナム語の文法は英語と似ています。

発音の難解さに比べるとぐっと親しみやすいはず。

ここでは基本的な文法を理解しながら

段階的にフレーズを学ぶことができます。

基本的なものばかりなのでしっかり身につけましょう。

◯◯ は □□ です。
主語　　名詞

 基本文型　　主語 ＋ là ＋ 名詞 .

私は日本人です。

→ トイ　↘ ラー　↘ ングオイ　↓ ニャッ

Tôi là người Nhật.

私　　である　　人　　日本〈日〉

🪷 là（ラー）は英語でいうところの be 動詞で、後ろに名詞を伴い、主語と名詞がイコールの関係にあることを表します。ベトナム語の là が英語の be 動詞と違うのは、主語の単数・複数によって変化することがないところです。「私」以外の二人称や三人称の主語にも、そのまま使えます。

私はシオリです。

→ トイ　↘ ラー　→ シオリ

Tôi là Shiori.

私　　である　　シオリ

私は会社員です。

トイ	ラー	ニャン	ヴィエン	コン	テイ
Tôi	**là**	**nhân**	**viên**	**công**	**ty.**
私	である	スタッフ〈人員〉		会社〈公司〉	

彼女は学生です。

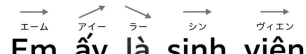

エーム	アイー	ラー	シン	ヴィエン
Em	**ấy**	**là**	**sinh**	**viên.**
彼女		である	学生〈生員〉	

彼らはベトナム人です。

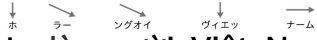

ホ	ラー	ングオイ	ヴィエッ	ナーム
Họ	**là**	**người**	**Việt**	**Nam.**
彼ら	である	人	ベトナム〈越南〉	

＊ Họ（ホ）は性別・年齢に関係なく使える三人称複数形の人称代名詞です（→ P.35）。
＊ Việt Nam（ヴィエッ ナーム）の Nam は省略できます。

これは蓮茶です。

カーイ	ナイー	ラー	チャー	セーン
Cái	**này**	**là**	**trà**	**sen.**
	これ	である	茶〈茶〉	蓮

＊「蓮茶」はベトナムでよく飲まれるポピュラーなお茶です。
＊類別詞 cái（カーイ）の役割は P.38、P.89 で紹介しています。

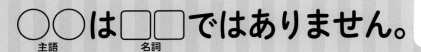 ○○は□□ではありません。

主語　名詞

 基本文型　主語 ＋ không phải là ＋ 名詞.

私は日本人ではありません。

トイ	コン	ファーイ	ラー	ングオイ	ニャッ
Tôi	**không**	**phải**	**là**	**người**	**Nhật.**
私	ない	正しい	である	人	日本〈日〉

🪷 là（ラー）を使った文の否定形は、làの前にkhông phải（コン ファーイ）を置くことで表現します。khôngは「ない」という意味の否定語、phải はさまざまな意味を持つ単語ですが、ここでは「正しい」を意味します。直訳すると「○○が□□であることは正しくありません」となります。

私は中国人ではありません。

トイ	コン	ファーイ	ラー	ングオイ	チュン	クオッ
Tôi	**không**	**phải**	**là**	**người**	**Trung**	**Quốc.**
私	ない	正しい	である	人	中国〈中国〉	

＊Quốc（クオッ）は省略されることが多いです。

64

私はチャンではありません。

トイ　コン　ファーイ　ラー　チャーン

Tôi không phải là Trang.

私　ない　正しい　である　チャン

＊「チャン」はベトナムで多い女性の名前です。

彼女は医師ではありません。

チ　アイー　コン　ファーイ　ラー　バッ　シイ

Chị ấy không phải là bác sĩ.

彼女　ない　正しい　である　医師〈博士〉

彼らは学生ではありません。

ホ　コン　ファーイ　ラー　シン　ヴィエン

Họ không phải là sinh viên.

彼ら　ない　正しい　である　学生〈生員〉

それは蓮茶ではありません。

カーイ　ドー　コン　ファーイ　ラー　チャー　セーン

Cái đó không phải là trà sen.

それ　ない　正しい　である　茶〈茶〉　蓮

 ◯◯は□□ですか？

主語　　名詞

 基本文型　　主語 + có phải là + 名詞 + không?

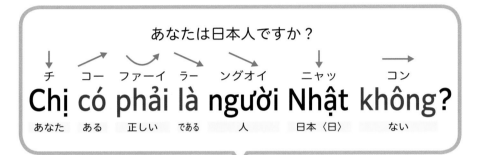

あなたは日本人ですか？

↓　　　↗　　　⌒↗　　　↘　　　↘　　　↓　　　→
チ　　　コー　　ファーイ　ラー　　ングオイ　ニャッ　　コン

Chị có phải là người Nhật không?

あなた　　ある　　正しい　　である　　　人　　　日本〈日〉　　ない

là（ラー）を使った文の疑問形は、là の前に có phải（コー ファーイ）、文末に không（コン）を置き、名詞をはさんだ形で表します。có は「ある」、phải は「正しい」、không は「ない」を意味する単語で、文全体を直訳すると「◯◯が□□であることは正しいですか？」という言い方です。返答には、「はい」なら Vâng（ヴァン）、「いいえ」なら Không（コン）を使います（→ P.50）。

あなたはチャンさんですか？

↓　　　↗　　　⌒　　　↗　　　↓　　　→　　　→
チ　　　コー　　ファーイ　ラー　　チ　　　チャーン　　コン

Chị có phải là chị Trang không?

あなた　　ある　　正しい　　である　　〜さん　　チャン　　ない

＊人称代名詞は名前と一緒に使うと「〜さん」という敬称としての役割を果たします。

66

あなたはアメリカ人ですか？

アイン	コー	ファーイ	ラー	ングオイ	ミイ	コン
Anh	có	phải	là	người	Mỹ	không?
あなた	ある	正しい	である	人	アメリカ〈美〉	ない

彼はエンジニアですか？

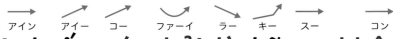

アイン	アイー	コー	ファーイ	ラー	キー	スー	コン
Anh	ấy	có	phải	là	kỹ	sư	không?
	彼	ある	正しい	である	エンジニア〈技師〉		ない

彼らは学生ですか？

ホ	コー	ファーイ	ラー	シン	ヴィエン	コン
Họ	có	phải	là	sinh	viên	không?
彼ら	ある	正しい	である	学生〈生員〉		ない

あれは蓮茶ですか？

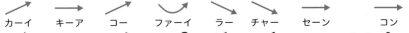

カーイ	キーア	コー	ファーイ	ラー	チャー	セーン	コン
Cái	kia	có	phải	là	trà	sen	không?
あれ		ある	正しい	である	茶〈茶〉	蓮	ない

家族など

父	ボー **bố**[北]	バー **ba**[南]	母	メ **mẹ**[北]	マー **má**[南]		
兄	アイン 兄	チャーイ **anh trai** 男子	弟	エーム 弟妹	チャーイ **em trai** 男子		
姉	チ 姉	ガーイ **chị gái** 女子	妹	エーム 弟妹	ガーイ **em gái** 女子		
息子	コン 子	チャーイ **con trai** 男子	娘	コン 子	ガーイ **con gái** 女子		
兄弟	アイン 兄	エーム **anh em** 弟妹	姉妹	チ 姉	エーム **chị em** 弟妹		

父方	祖父	オン ノイ **ông nội** 〈翁〉 〈内〉	母方	祖父	オン ンゴアイ **ông ngoại** 〈翁〉 〈外〉
	祖母	バー ノイ **bà nội** 〈婆〉 〈内〉		祖母	バー ンゴアイ **bà ngoại** 〈婆〉 〈外〉

家族	gia đình ⟨家庭⟩ ザー ディン	親戚	họ hàng ホ ハーン
子ども	con コン	孫	cháu チャウ
友だち	bạn bè バン ベー	恋人	người yêu 人 愛する ングオイ イエウ

職業

教師	giáo viên ザーオ ヴィエン ⟨教員⟩	医師	bác sĩ バッ シー ⟨博士⟩
看護師	y tá イー ター ⟨医佐⟩	薬剤師	dược sĩ ズオッ シー ⟨薬士⟩
警察官	cảnh sát カイン サッ ⟨警察⟩	主婦・主夫	nội trợ ノイ チョ ⟨内助⟩
会社員	nhân viên công ty ニャン ヴィエン コン ティ スタッフ〈人員〉 会社〈公司〉	公務員	công chức コン チュッ ⟨公職⟩
運転手	tài xế ターイ セー	ガイド	hướng dẫn viên フオン ザン ヴィエン ⟨向引員⟩
エンジニア	kỹ sư キー スー ⟨技師⟩	店員	nhân viên bán hàng ニャン ヴィエン バーン ハーン スタッフ〈人員〉 売る 商品

国 ▶

ベトナム	↓ ヴィエッ → ナーム **Việt Nam** 〈越南〉	日本	↓ ニャッ ⌣ バーン ↗ **Nhật Bản** 〈日本〉
中国	↗ チュン ↗ クオッ **Trung Quốc** 〈中国〉	韓国	↗ ハーン ↗ クオッ **Hàn Quốc** 〈韓国〉
タイ	↗ ターイ → ラン **Thái Lan**	カンボジア	カンプチア **Campuchia**
ラオス	↘ ラーオ **Lào**	マレーシア	マーライシアー → **Ma-lai-xi-a**
インド ネシア	インドーネーシーア → **In-đô-nê-xi-a**	インド	→ アン ↓ ド **Ấn Độ** 〈印度〉
アメリカ	↗ ミー **Mỹ** 〈美〉	カナダ	カーナーダー **Ca-na-đa**
オースト ラリア	↗ ウッ **Úc** 〈澳〉	イギリス	↗ アイン **Anh** 〈英〉
フランス	↗ ファッ **Pháp** 〈法〉	ドイツ	↗ ドゥッ **Đức** 〈徳〉
オランダ	↘ ハー → ラーン **Hà Lan** 〈荷蘭〉	スペイン	↗ ターイ → バーン → ニャー **Tây Ban Nha** 〈西班牙〉
ロシア	↗ ンガー **Nga** 〈俄〉	ポルトガル	→ ボー ↘ ダーオ → ニャー **Bồ Đào Nha** 〈葡萄牙〉

70

プロフィールなど

名前	テン **tên**	氏名	ホ　　テン **họ tên** 氏　　名
国籍	クオッ　　ティッ **quốc tịch** 〈国籍〉	住所	ディア　　チー **địa chỉ** 〈地址〉
誕生日	シン　　　ニャッ **sinh nhật** 〈生日〉	年齢	トゥオイ **tuổi**
メール アドレス	ディア　　チー　　　イーメル **địa chỉ e-mail** 〈地址〉　　　Eメール	電話番号	ソー　　ディエン　　トアイ **số điện thoại** 〈数〉　　　〈電話〉
学校	チュオン　　　ホッ **trường học** 〈場〉　　　〈学〉	職場	ノーイ　　ラーム　　ヴィエッ **nơi làm việc** 場所　　　働く
大学生	シン　ヴィエン　ダイ　ホッ **sinh viên đại học** 学生〈生員〉〈大学〉	高校生	ホッ　シン　カッ　バー **học sinh cấp ba** 〈学生〉　〈級〉　3
中学生	ホッ　シン　カッ　ハーイ **học sinh cấp hai** 〈学生〉　〈級〉　2	小学生	ホッ　シン　カッ　モッ **học sinh cấp một** 〈学生〉　〈級〉　1
社長	ザーム　　ドッ **giám đốc** 〈監督〉	上司	カッ　　チェン　　セッ **cấp trên / sếp** 〈級〉　　上　　指揮官
部下	カッ　　ズオイ **cấp dưới** 〈級〉　　下	同僚	ドン　　　ンギェッ **đồng nghiệp** 〈同業〉
生年月日	ンガーイ　ターン　ナム　シン **ngày tháng năm sinh** 日　　月　　年　生まれる〈生〉		

 基本文型

主語 ＋ 形容詞.

私は楽しいです。

トイ　　ヴーイ

Tôi vui.

私　　　楽しい

ベトナム語の形容詞文は主語＋名詞の文型の場合とは異なり、**là**（ラー）を入れる必要がありません。主語のすぐ後ろに形容詞がついて、動詞と同じような役割を果たします。例えば「私は楽しいです」は、**Tôi là vui.**（トイ ラー ヴーイ）ではなく **Tôi vui.** となります。「とても」など程度を表す副詞は、その種類によって形容詞を前または後ろから修飾します（右ページ参照）。

彼女はきれいです。

チ　　アイー　　デッ

彼女　　　　きれい

＊ **đẹp trai**（デッ チャーイ）とすると、男性に対して「ハンサムだ」と言うことができます。

私はとても楽しいです。

トイ ザッ ヴーイ
Tôi rất vui.

私　　　とても　　楽しい

ベトナム語はとても難しいです。

ティエン　　　　ヴィエッ　　　　コー　　　　ラム
Tiếng Việt khó lắm.

語　　　　ベトナム〈越〉　　難しい　　　とても

＊ Việt Nam（ヴィエッ ナーム）の Nam は省略しています。

今日は少し暑いです。

ホム　　　　ナイー　　　チョーイ　　　ホーイ　　　　ノン
Hôm nay trời hơi nóng.

今日　　　　　　　空　　　少し　　　暑い

＊ベトナム語では天気や気温を表すときに、trời（チョーイ）「空、天」を主語にします。

LEVEL UP

形容詞を修飾して程度を表す副詞

代表的なものを挙げています。形容詞の前か後ろか、置く位置に気をつけましょう。

ザッ rất ＋ 形容詞	とても〜、非常に〜	形容詞 ＋ ラム lắm	とても〜、非常に〜
形容詞 ＋ クアー quá	とても〜だなぁ（感嘆。その瞬間の気持ちをこめた言い方→P.56）	クアー quá ＋ 形容詞	あまりに〜すぎる
ホーイ hơi ＋ 形容詞	少し〜		

○○は△△ではありません。

主語　　　　形容詞

基本文型　主語 ＋ không ＋ 形容詞.

私は楽しくありません。

トイ　　　　コン　　　　ヴーイ
Tôi không vui.
私　　　　　ない　　　　楽しい

形容詞文の否定形は、形容詞の前に「ない」を意味する否定語のkhông（コン）を置いて表します。名詞文の否定形（→P.64）のときに用いた「正しい」のphải（ファーイ）は使いません。

ベトナム語は難しくありません。

ティエン　　　ヴィエッ　　　コン　　　コー
Tiếng Việt không khó.
語　　　　ベトナム〈越〉　　ない　　　難しい

＊Việt Nam（ヴィエッ ナーム）のNamを省略しています。

今日は暑くありません。

ホム	ナイー	チョーイ	コン	ノン
Hôm	**nay**	**trời**	**không**	**nóng.**
今日		空	ない	暑い

このお茶は冷たくありません。

コッ	チャー	ナイー	コン	ライン
Cốc	**trà**	**này**	**không**	**lạnh.**
類別詞	茶〈茶〉	この	ない	冷たい

＊類別詞 Cốc（コッ）の役割は P.89 で紹介しています。

ホーチミン市は遠くありません。

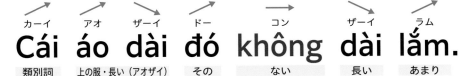

タイン	フォー	ホー	チー	ミン	コン	サー
Thành	**phố**	**Hồ**	**Chí**	**Minh**	**không**	**xa.**
市〈城鋪〉		ホーチミン〈胡志明〉			ない	遠い

＊ベトナムの英雄、故ホー・チ・ミン氏との区別のため、地名のホーチミンは必ず Thành phố
（タイン フォー）「市」をつけて表します。

そのアオザイはあまり長くありません。

カーイ	アオ	ザーイ	ドー	コン	ザーイ	ラム
Cái	**áo**	**dài**	**đó**	**không**	**dài**	**lắm.**
類別詞	上の服・長い（アオザイ）		その	ない	長い	あまり

＊không（コン）＋形容詞＋ lắm（ラム）で「あまり、それほど～ではない」となります。

 ◯◯は△△ですか？
主語　　　形容詞

 基本文型　主語 ＋ có ＋ 形容詞 ＋ không?

あなたは楽しいですか？

エーム　　コー　　ヴーイ　　　コン
Em có vui không?
あなた　　ある　　楽しい　　　　ない

🪷　形容詞文の疑問形は、形容詞の前に「ある」を意味するcó（コー）、文末に「ない」を意味するkhông（コン）を置き、形容詞をはさんで作ります。là（ラー）を使った文の疑問形もそうでしたが、ベトナム語のはい、いいえで答える疑問文は、このcó 〜 không? の形で表されます。返答にはCó（はい）、Không（いいえ）を使いましょう。

日本語は難しいですか？

ティエン　　ニャッ　　　コー　　コー　　　　コン
Tiếng Nhật có khó không?
語　　　日本〈日〉　ある　難しい　　　　ない

今日は暑いですか？

ホム	ナイー	チョーイ	コー	ノン	コン
Hôm	**nay**	**trời**	**có**	**nóng**	**không?**
今日		空	ある	暑い	ない

そのお茶は冷たいですか？

コッ	チャー	ドー	コー	ライン	コン
Cốc	**trà**	**đó**	**có**	**lạnh**	**không?**
類別詞	茶〈茶〉	その	ある	冷たい	ない

ハノイは遠いですか？

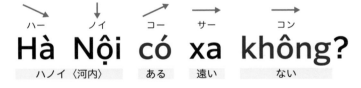

ハー	ノイ	コー	サー	コン
Hà	**Nội**	**có**	**xa**	**không?**
ハノイ〈河内〉		ある	遠い	ない

このアオザイは長すぎませんか？

カーイ	アオ	ザーイ	ナイー	コー	クアー	ザーイ	コン
Cái	**áo**	**dài**	**này**	**có**	**quá**	**dài**	**không?**
類別詞	上の服・長い（アオザイ）		この	ある	〜すぎる	長い	ない

感情

うれしい	ムン **mừng**	楽しい	ヴーイ **vui**
幸せな	ハイン フッ **hạnh phúc** 〈幸福〉	気持ち いい	ゼエッ チウ **dễ chịu** 簡単な　耐える
悲しい	ブオン **buồn**	寂しい	コー ドーン **cô đơn** 〈孤単〉
気分が 悪い	コオー チウ **khó chịu** 難しい　耐える	不安な	バッ アーン **bất an** 〈不安〉

感覚

眠い	ブオン ングー **buồn ngủ** 〜したがる　眠る	健康な	コエー マイン **khỏe mạnh** 元気な　強い
痛い	ダウ **đau**	忙しい	バン **bận**
疲れた	メッ **mệt**	空腹な	ドーイ **đói**
満腹な	ノー **no**	のどが 渇いた	カッ ヌオッ **khát nước** 渇く　水

状態

よい	トッ **tốt**	悪い	サウ **xấu**
大きい	トー **to**	小さい	ニョー **nhỏ**
（物が） 長い	ザーイ **dài**	（物が） 短い	ンガン **ngắn**
（時間が） 長い	ラウ **lâu**	（時間が） 短い	ンガン **ngắn**
新しい	モーイ **mới**	古い	クウッ **cũ**
（値段が） 高い	ダッ **đắt**	（値段が） 安い	ゼー **rẻ**
簡単な	ゼエッ **dễ**	難しい	コオー **khó**
広い	ゾン **rộng**	狭い	ヘッ **hẹp**
遠い	サー **xa**	近い	ガン **gần**
多い	ニエウ **nhiều**	少ない	イッ **ít**

◯◯は◇◇します。
主語　動詞

基本文型

主語 ＋ 動詞 .

私は食べます。

→ トイ　　→ アン

Tôi ăn.
私　　　食べる

ベトナム語の動詞の文型は、主語＋動詞の語順です。英語と違い、主語によって動詞の形が変化することはなく、どんな主語に対しても常に同じ動詞が使えます。また、動詞に目的語が必要な場合には、英語と同じように動詞の後ろに目的語を置いて表します。

私はフォーを食べます。

→ トイ　　→ アン　　↷ フォー

Tôi ăn phở.
私　　　食べる　　フォー

彼女はベトナム語を勉強します。

エーム　アイー　ホッ　ティエン　ヴィエッ
Em ấy học tiếng Việt.
　彼女　　勉強する　　語　　ベトナム〈越〉

彼はベトナム語を教えます。

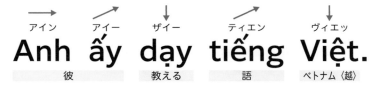

アイン　アイー　ザイー　ティエン　ヴィエッ
Anh ấy dạy tiếng Việt.
　彼　　教える　　語　　ベトナム〈越〉

私たちはタクシーで行きます。

チュン　トイ　ディ　バン　タッシー
Chúng tôi đi bằng taxi.
　私たち　　行く　～で　タクシー

＊bằng（バン）「～で」は動作を行う手段を表す前置詞です。動詞の後ろに置かれます。

私は牛肉のフォーを食べます。

トイ　アン　フォー　ボー
Tôi ăn phở bò.
　私　食べる　フォー　牛

＊目的語の修飾語句（名詞や形容詞）は目的語の後ろに置きます。

 ◯◯は◇◇しません。

基本文型　主語 ＋ không ＋ 動詞.

私は食べません。

トイ	コン	アン
Tôi	**không**	**ăn.**
私	ない	食べる

動詞文の否定形は、動詞の前に「ない」を意味する không（コン）を置いて表します。目的語がある場合もその位置は変わりません。ベトナム語の動詞の文型は、形容詞の文型と同じ構造をしています。

私はアオザイを買いません。

トイ	コン	ムア	アオ	ザーイ
Tôi	**không**	**mua**	**áo**	**dài.**
私	ない	買う	上の服・長い（アオザイ）	

彼女は英語を勉強しません。

エーム	アイー	コン	ホッ	ティエン	アイン
Em	**ấy**	**không**	**học**	**tiếng**	**Anh.**
彼女		ない	勉強する	語	イギリス〈英〉

私はクラシック音楽を聞きません。

トイ	コン	ンゲー	ニャッ	コー	ディエン
Tôi	**không**	**nghe**	**nhạc**	**cổ**	**điển.**
私	ない	聞く	音楽	クラシック〈古典〉	

彼らはタバコを吸いません。

ホ	コン	フッ	トゥオッ	ラー
Họ	**không**	**hút**	**thuốc**	**lá.**
彼ら	ない	吸う	薬・葉（タバコ）	

＊「タバコを吸う」は lá（ラー）を省き、hút thuốc（フットゥオッ）で表すこともできます。

私はパクチーが好きではありません。

トイ	コン	ティッ	アン	ザウ	ムーイ
Tôi	**không**	**thích**	**ăn**	**rau**	**mùi.**
私	ない	好き	食べる	野菜・におい（パクチー）	

＊「パクチー」は北部では rau mùi（ザウ ムーイ）、南部では ngò rí（ンゴー リー）と言います。

基本文型

主語 ＋ có ＋ 動詞 ＋ không?

あなたは食べますか？

エーム	コー	アン	コン
Em	**có**	**ăn**	**không?**
あなた	ある	食べる	ない

🪷 動詞文の疑問形は、形容詞の文の構造と同様、動詞の前に「ある」を意味するcó（コー）を、文の最後に「ない」を意味するkhông（コン）を置きます。返答にはCó「はい」、Không「いいえ」を使いましょう。

─────────────────────

彼女は勉強しますか？

エーム	アイー	コー	ホッ	コン
Em	**ấy**	**có**	**học**	**không?**
彼女		ある	勉強する	ない

彼は日本語を勉強しますか？

	アイン	アイー	コー	ホッ	ティエン	ニャッ	コン
	Anh	ấy	có	học	tiếng	Nhật	không?
	彼		ある	勉強する	語	日本〈日〉	ない

＊Nhật Bản（ニャッ バーン）の Bản を省略しています。

あなたは韓国の音楽を聞きますか？

	エーム	コー	ンゲー	ニャッ	ハーン	クォッ	コン
	Em	có	nghe	nhạc	Hàn	Quốc	không?
	あなた	ある	聞く	音楽	韓国〈韓国〉		ない

＊ベトナムでは韓国の音楽が人気です。

彼らはタバコを吸いますか？

	ホ	コー	フッ	トゥオッ	ラー	コン
	Họ	có	hút	thuốc	lá	không?
	彼ら	ある	吸う	薬・葉（タバコ）		ない

あなたはコーヒーが好きですか？

	アイン	コー	ティッ	ウオン	カー	フェ	コン
	Anh	có	thích	uống	cà	phê	không?
	あなた	ある	好き	飲む	コーヒー		ない

動作・状態など

ある・いる（持つ）	コー **có**	ある・いる（存在する）	オー **ở**
見る（鑑賞する）	セーム **xem**	見る（じっと見る）	ニーン **nhìn**
話す	ノーイ **nói**	聞く	ンゲー **nghe**
読む	ドッ **đọc** 〈読〉	書く	ヴィエッ **viết**
食べる	アン **ăn**	飲む	ウオン **uống**
住む	ソン **sống**	好む	ティッ **thích**
買う	ムーア **mua**	会う	ガッ **gặp**
起きる	ザイー **dậy**	眠る	ングー **ngủ**
計算する	ティン **tính**	呼ぶ・注文する	ゴイ **gọi**

働く	ラーム ヴィエッ **làm việc** する 仕事	休む	ンギ **nghỉ**
メール する	グーイ イーメル **gửi e-mail** 送る メール	電話する	ゴイ ディエン トアイ **gọi điện thoại** 呼ぶ 〈電話〉
勉強する	ホッ **học** 〈学〉	教える	ザイー **dạy**

移動

行く	ディ **đi**	帰る	ヴェ **về**
来る	デン **đến**	訪れる	タム **thăm**
出る	ザー **ra**	入る	ヴァオ **vào**
上がる ・乗る	レン **lên**	下る・ 降りる	スオン **xuống**
送る	グーイ **gửi**	受け取る	ニャン **nhận**
走る	チャイー **chạy**	歩く	ディ ボ **đi bộ** 行く 〈歩〉
出発する	コーイ ハイン **khởi hành** 〈起行〉	到着する	デン トイ **đến / tới**

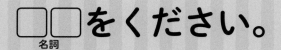□□をください。
名詞

基本文型 Cho tôi ＋ 名詞.

これをください。

チョー　　トイ　　カーイ　　ナイー

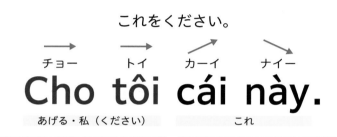
Cho tôi cái này.

あげる・私（ください）　　　　これ

🪷 cho（チョー）「あげる、与える」と、tôi（トイ）「私」、さらにその後ろに名詞を組み合わせて、「（私に）～をください」の意味。買い物や注文の際に使える便利な表現です。Cho tôi（チョー トイ）＋数字（→P.132）＋類別詞＋名詞の形にすると、「何をいくつ」と具体的にお願いができます。Cho tôi の後ろに「請う」を意味する xin（シン）をつけるとていねいになります。

ビールを1杯ください。

チョー　　トイ　　モッ　　コッ　　ビア

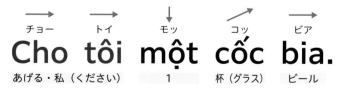
Cho tôi một cốc bia.

あげる・私（ください）　1　杯（グラス）　ビール

＊北部では cốc（コッ）を、南部では ly（リー）を使います。

88

もう１つください。

チョー	トイ	モッ	カーイ	ヌアッ
Cho	tôi	một	cái	nữa.
あげる・私（ください）		1	個	さらに

＊cái（カイ）は物全般に使える便利な類別詞です（下記参照）。

牛肉のフォーを２杯ください。

チョー	トイ	ハーイ	バッ	フォー	ボー
Cho	tôi	hai	bát	phở	bò.
あげる・私（ください）		2	杯（どんぶり）	フォー	牛

おしぼりを３ついただけますか。

チョー	トイ	シン	バー	カーイ	カン	ライン
Cho	tôi	xin	ba	cái	khăn	lạnh.
あげる・私（ください）		〈請〉	3	個	タオル・冷たい（おしぼり）	

＊「請う」という意味のxin（シン）を入れると、ていねいに依頼することができます。

LEVEL UP

よく使われる類別詞（ものを数える単位）

～個（物全般）	カーイ cái		～冊（本）	クイエン quyển［北］	クオン cuốn［南］
～杯 （どんぶり）	バッ bát［北］	トー tô［南］	～杯（茶碗）	チェン chén	
～杯（グラス）	コッ cốc［北］	リー ly［南］	～杯（カップ）	タッ tách	
～本（缶）	ロン lon		～本（びん、 ペットボトル）	チャーイ chai	

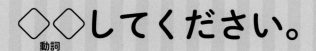 **◇◇してください。**
動詞

基本文型 Nhờ ＋ 主語 ＋ 動詞 ＋ 副詞.
目的語.

あなたは私を手伝ってください。

ニョー	エーム	ズッ	トイ
Nhờ	**em**	**giúp**	**tôi.**
頼む	あなた	手伝う	私

 相手に何かをお願いするときは「頼む、依頼する」を意味する動詞nhờ（ニョー）を文頭に置き、頼む相手の人称代名詞を主語とし、動詞を続けて「〜してください」と表現できます。動詞のあとに目的語や副詞がつくのが一般的です。動詞とそれ以降の内容が相手にしてほしい行動となります。

私を手伝ってください。

ニョー	カッ	エーム	ズッ	トイ
Nhờ	**các**	**em**	**giúp**	**tôi.**
頼む	あなたたち		手伝う	私

＊giúp（ズッ）＋人で「(人)を手伝う、助ける」という意味です。các em（カッ エーム）は複数の年下の相手に使う人称代名詞（→P.34）で、手伝ってほしい相手です。直訳すると「あなたたち、私を手伝ってください」となります。

私にメールを送ってください。

ニョー　アイン　グーイ　イーメル　チョー　トイ

Nhờ anh gửi e-mail cho tôi.

頼む　あなた　送る　メール　〜に　私

＊ gửi（グーイ）＋物＋cho（チョー）＋人で「（人）に（物）を送る」という意味です。cho ＋人は、英語のfor＋人「（人）に」にあたります。

もう一度言ってください。

ニョー　チ　ノーイ　ライ　モッ　ラン　ヌアッ

Nhờ chị nói lại một lần nữa.

頼む　あなた　言う　再び　1　回　さらに

ここに書いてください。

ニョー　チ　ヴィエッ　ヴァオ　ダイー

Nhờ chị viết vào đây.

頼む　あなた　書く　〜に　ここ

道を教えていただけますか。

チ　ラーム　オン　チー　ドゥオン　チョー　トイ

Chị làm ơn chỉ đường cho tôi.

あなた　していただけますか　示す　道　〜に　私

＊ Nhờ（ニョー）を使わず、「恩恵を施す、尽くす」を意味する làm ơn（ラーム オン）を使った非常に丁寧な依頼の表現もあります。主語の後ろ、動詞の前に置きます。làm ơnの前の主語は省略されることも多いです。

91

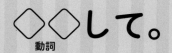 **◇◇して。**
動詞

 基本文型　　主語 ＋ 動詞 ＋ đi.

乗って。

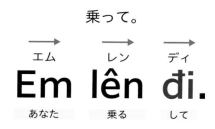

エム　　　　レン　　　ディ
Em lên đi.
あなた　　　乗る　　して

đi（ディ）は「行く」という意味の動詞ですが、主語＋動詞の文末につくことで、「〜して」「〜しなさい」という相手の行為を促す意味をつけ加えることができます。立場が上の人などに使うと失礼にあたります。とくに主語を省略すると、強い命令調になるので注意しましょう。

乗れ。

レン　　ディ
Lên đi.
乗る　　して

＊主語を省略した強い命令調です。

主語を省略
するときは注意！

安心して。

チ　　　イエン　　　タム　　　ディ

Chị yên tâm đi.

あなた　　安心している　　して

＊ yên tâm（イエン タム）は「安心している」という状態を表す形容詞ですが、文型を変えずに動詞と同様に使うことができます。

早く寝て。

エーム　　ングー　　　ソーム　　ディ

Em ngủ sớm đi.

あなた　　眠る　　　　早く　　して

宿題をしなさい。

コン　　　　ホッ　　　　バーイ　　ディ

Con học bài đi.

子　　　　勉強する　　課題　　して

＊ Con は「子」を指す語。ベトナムでは親は自分の子のことを名前で呼ぶだけでなく、「子」と呼ぶこともあります。

ここへ電話して。

エーム　　ゴイ　　　ディエン　　トアイ　　　　ヴァオ　　ダイー　　ディ

Em gọi điện thoại vào đây đi.

あなた　かける　　　電話〈電話〉　　　　　～へ　　　ここ　　して

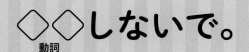 ◇◇しないで。
動詞

 基本文型

Đừng ＋ 動詞.

撮らないで。

ドゥン　　　　　　チュッ

Đừng chụp.

しないで　　　　　撮る

Đừng（ドゥン）は英語の**Don't**にあたり、動詞の前に置いて相手の行動を禁じることができます。通常、主語は使いません。年上や立場が上の人に使うときは「請う」という意味の**xin**（シン）を文頭につけて **Xin đừng**＋動詞の形にすると、「〜しないでください」となり、その行動をしないよう丁重にお願いすることができます。

....

撮らないでください。

シン　　　　　ドゥン　　　　　チュッ

Xin đừng chụp.

〈請〉　　　　しないで　　　　撮る

＊文頭に**Xin**（シン）を置いたていねいな禁止表現です。

遠慮しないで。

相手を思いやる
声かけだね

ドゥン　　　　　ンガイ

Đừng ngại.

しないで　　　ためらう

そこに座らないで。

ドゥン　　　　ンゴイ　　　ヴァオ　　　ドー

Đừng ngồi vào đó.

しないで　　　座る　　　〜に　　　そこ

そんなふうに言わないでください。

シン　　　　ドゥン　　　　ノーイ　　　ニュー　　　テー

Xin đừng nói như thế.

〈請〉　　　しないで　　　言う　　　そのように

パクチーを入れないで。

ドゥン　　　チョー　　　ザウ　　　ムーイ　　　ヴァオ

Đừng cho rau mùi vào.

しないで　　　与える　　　野菜・におい（パクチー）　　　〜に

＊ cho（チョー）＋物＋ vào（ヴァオ）で「（物）を入れる」となります。

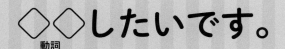 **◇◇したいです。**
動詞

 基本文型

主語 ＋ muốn ＋ 動詞.

私は読みたいです。

トイ　　　ムオン　　　ドッ
Tôi muốn đọc.
私　　　　したい　　　読む

🪷 muốn（ムオン）は「～したい」という意味で、いつも後ろには動詞を伴います。名詞が来ることはありません。英語でいうところの **want to ～** にあたる、ベトナム語の助動詞で、願望や希望を表す文を作ることができます。また、**không muốn**（コン ムオン）＋動詞で「～したくない」という否定形に、**có muốn**（コー ムオン）＋ 動詞＋ **không**？（コン）で「～したいですか？」という疑問形になります。

本を読みたいです。

トイ　　　ムオン　　　ドッ　　　サイッ
Tôi muốn đọc sách.
私　　　　したい　　　読む　　　本

スムージーを飲みたいです。

トイ ムオン ウオン シン トー

Tôi muốn uống sinh tố.

私　　　したい　　　飲む　　　スムージー

＊ベトナムは果物の宝庫。甘くておいしいフルーツスムージーを街中で楽しめます。

ベトナム語をもっと勉強したいです。

トイ ムオン ホッ テム ティエン ヴィエッ

Tôi muốn học thêm tiếng Việt.

私　　　したい　　勉強する　　加える　　　語　　ベトナム〈越〉

＊動詞＋thêm（テム）で「もっと〜する」という意味です。

映画を観たくありません。

トイ コン ムオン セーム フィム

Tôi không muốn xem phim.

私　　　ない　　　したい　　　見る　　　映画

＊không muốn（コン ムオン）＋動詞で「〜したくない」という否定形になります。

遊びに行きたいですか？

チ コー ムオン ディ チョーイ コン

Chị có muốn đi chơi không?

あなた　　ある　　したい　　行く　　遊ぶ　　　ない

＊có muốn（コー ムオン）＋動詞＋không？（コン）で「〜したいですか？」という疑問形になります。

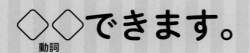 ◇◇できます。
動詞

 基本文型 主語 ＋ có thể ＋ 動詞 ＋ được．

私は買うことができます。

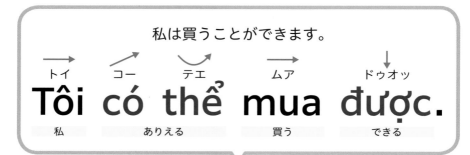

トイ　　コー　　テエ　　ムア　　ドゥオッ
Tôi có thể mua được.
私　　　　ありえる　　　買う　　　できる

　ベトナム語には「〜できる」という言い方が4種類ありますが、能力的可能、状況的可能のどちらに対しても広く使うことができるのは、「ありえる、可能性がある」という意味のcó thể（コー テエ）と、漢越語（→P.16）の〈得〉であり「できる」という意味のđược（ドゥオッ）で動詞をはさむ表現です。không thể（コン テエ）＋動詞＋đượcの形で「〜できない」という否定形を、có thể＋動詞＋được＋khôngの形で「〜できますか？」という疑問形を作ることができます。また、「知っている」の意味から転じて「できる」を表す動詞biết（ビエッ）も、能力的に可能な場合によく使われます。

私は本を買うことができます。

トイ　　コー　　テエ　　ムア　　ドゥオッ　　サイッ
Tôi có thể mua được sách.
私　　　　ありえる　　　買う　　　できる　　　本

私はバイクを運転できます。

トイ	コー	テエ	ラーイ	ドゥオッ	セー	マイー
Tôi	**có**	**thể**	**lái**	**được**	**xe**	**máy.**
私	ありえる	運転する	できる		バイク	

私はバイクを運転できません。

トイ	コン	テエ	ラーイ	ドゥオッ	セー	マイー
Tôi	**không**	**thể**	**lái**	**được**	**xe**	**máy.**
私	ありえない	運転する	できる		バイク	

＊動詞 lái（ラーイ）の前に không thể（コン テエ）を置き、「〜できない」という否定を表現します。

ドリアンを食べられますか？

エム	コー	テエ	アン	ドゥオッ	サウ	ジエン	コン
Em	**có**	**thể**	**ăn**	**được**	**sầu**	**riêng**	**không?**
あなた	ありえる	食べる	できる	ドリアン			ない

＊動詞 ăn（アン）の前に có thể（コー テエ）、動詞または目的語の後ろに được（ドゥオッ）、文末に không（コン）を置き、「〜できますか？」という疑問を表現します。

LEVEL UP

彼女はベトナム語が話せます。

チ	アイー	ビエッ	ノーイ	ティエン	ヴィエッ
Chị	**ấy**	**biết**	**nói**	**tiếng**	**Việt.**
彼女		知っている	話す	語	ベトナム〈越〉

＊学習によって身につけたスキルや知識について「〜できる」と表現したいときは、biết（ビエッ）がよく使われます。biết は動詞の前に置きます。

◇◇します。（動詞の未来形）
動詞

基本文型

主語 ＋ sẽ ＋ 動詞 .

私は行きます。

トイ　　セエッ　　ディ

Tôi sẽ đi.

私　　未来　　行く

ベトナム語の動詞は、時制による語形変化がありません。未来のある時点の出来事を表すには、英語で助動詞willが用いられるように、ベトナム語でも動詞の前に助動詞sẽ（セエッ）を入れます。ただし、「明日」「来週」「来年」といった未来を示す言葉があれば、助動詞sẽは省略可能です。否定形はsẽ không（セエッ コン）＋動詞という語順になります。疑問形ではsẽを使わず、動詞文の疑問形（→P.84）のように、có（コー）とkhông（コン）で動詞をはさみます。

私は経済を学びます。

トイ　　セエッ　　ホッ　　　キン　　テー

Tôi sẽ học kinh tế.

私　　未来　　勉強する　　経済〈経済〉

明日行きます。

ンガイー　マーイ　トイ　ディ

Ngày mai tôi đi.

明日　　　　私　行く

sẽが省略されているね

明日私は出勤しません。

ンガイー　マーイ　トイ　コン　ディ　ラーム

Ngày mai tôi không đi làm.

明日　　　　私　　ない　　　出勤する

＊ngày mai（ンガイー　マーイ）「明日」がない否定形は、**Tôi sẽ không đi làm.**（トイ セエッ コン ディ ラーム）となります。

明日遊びに行きますか？

ンガイー　マーイ　アイン　コー　ディ　チョーイ　コン

Ngày mai anh có đi chơi không?

明日　　　　あなた　ある　行く　遊ぶ　　ない

＊疑問形はsẽ（セエッ）を使わず、ngày mai（ンガイー　マーイ）など未来を表す言葉を使って、có（コー）とkhông（コン）で動詞をはさみます。

LEVEL UP

私たちはもうすぐ結婚します。

チュン　トイ　サッ　ケッ　ホン

Chúng tôi sắp kết hôn.

私たち　　近未来　結婚する〈結婚〉

＊「もうすぐ〜する」という意味のsắp（サッ）という助動詞もあります。sẽ（セエッ）の位置にsắpを入れて使います。

◇◇しています。（動詞の現在進行形）

動詞

基本文型　**主語 ＋ đang ＋ 動詞.**

私は待っています。

→　　　　→　　　　↘

トイ　　　ダーン　　チョー

Tôi đang chờ.

私　　　　現在進行　　　待つ

現在進行中のことを伝えるためには、動詞の前に助動詞đang（ダーン）を入れます。ただし否定形や疑問形をつくるときは、このđangは使いません。一般動詞の否定形や疑問形と同様、主語＋**không**（コン）＋動詞、主語＋**có**（コー）＋動詞＋**không**（コン）？の形で表しますが、このままでは通常の動詞文との区別ができないため、現在進行形であることを示すために、これらの文頭に**bây giờ**（バイー ゾー）「今」を置いて強調します。

私はあなたを待っています。

→　　　　　→　　　　↘　　　　→

トイ　　　　ダーン　　チョー　アイン

Tôi đang chờ anh.

私　　　　現在進行　　　待つ　　　あなた

彼は電話中です。

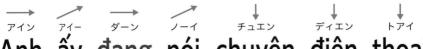

アイン	アイー	ダーン	ノーイ	チュエン	ディエン	トアイ
Anh	ấy	đang	nói	chuyện	điện	thoại.
彼		現在進行		会話する		電話〈電話〉

彼女はテレビを見ていません。

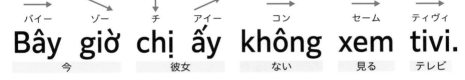

バイー	ゾー	チ	アイー	コン	セーム	ティヴィ
Bây	giờ	chị	ấy	không	xem	tivi.
今		彼女		ない	見る	テレビ

＊現在進行形の否定形であることを示すため、文頭に Bây giờ（バイー ゾー）がついています。

今レストランにいますか？

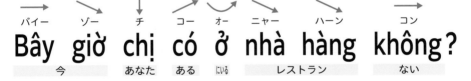

バイー	ゾー	チ	コー	オー	ニャー	ハーン	コン
Bây	giờ	chị	có	ở	nhà	hàng	không?
今		あなた	ある	にいる	レストラン		ない

＊現在進行形の疑問形であることを示すため、文頭に Bây giờ（バイーゾー）がついています。

何してる？

エーム	ダーン	ラーム	ジー
Em	đang	làm	gì?
あなた	現在進行	する	何

＊「何をする？」という意味の làm gì（ラーム ジー）と組み合わせすると、相手が今していることをたずねることができます。

◇◇しました。（動詞の過去形）

動詞

主語 ＋ đã ＋ 動詞.

私は買いました。

トイ	ダアッ	ムア
Tôi	**đã**	**mua.**
私	過去	買う

ベトナム語では、英語のように時制によって動詞が変化しないため、過去のある時点の出来事を表すには、動詞の前に助動詞 **đã**（ダアッ）を入れます。未来を表す **sẽ**（セエッ）（→P.100）と同様、「昨日」「先週」「昨年」といった過去を示す単語があれば、**đã** は省略可能です。否定形は **đã không**（ダアッコン）＋動詞という語順になります。疑問形では **đã** を使わず、動詞文の疑問形（→P.84）ように、**có**（コー）と **không**（コン）で動詞をはさみます。

あなたに手紙を書きました。

トイ	ダアッ	ヴィエッ	トゥ	チョー	エーム
Tôi	**đã**	**viết**	**thư**	**cho**	**em.**
私	過去	書く	手紙〈書〉	～に	あなた

昨日これを買いました。

ホム	クアー	トイ	ムア	カーイ	ナイー
Hôm	**qua**	**tôi**	**mua**	**cái**	**này .**
昨日		私	買う	これ	

＊ hôm qua「昨日」があるので、đã（ダアッ）が省略されています。

昨日絵を描きませんでした。

ホム	クアー	トイ	コン	ヴェ	チャイン
Hôm	**qua**	**tôi**	**không**	**vẽ**	**tranh.**
昨日		私	ない	描く	絵

＊ Hôm qua（ホム クアー）「昨日」がない場合は、đã không（ダアッ コン）＋動詞になります。

昨日仕事をしましたか？

ホム	クアー	チ	コー	ラーム	ヴィエッ	コン
Hôm	**qua**	**chị**	**có**	**làm**	**việc**	**không?**
昨日		あなた	ある	仕事する		ない

＊ Hôm qua（ホム クアー）「昨日」のある・なしにかかわらず、đã（ダアッ）は使いません。

ティーさんは外出したばかりです。

チ	ティー	モーイ	ザ	ゴアイ
Chị	**Thi**	**mới**	**ra**	**ngoài.**
さん	ティー	近過去	出る	外

＊ đã（ダアッ）より現在に近い過去「〜したばかり」を表す mới（モーイ）という助動詞もあります。đã を mới に入れ替えて使います。

もう◇◇しました。/
まだ◇◇していません。

（動詞の完了形①）

基本
文型

主語（ ＋ đã ） ＋ 動詞 ＋ rồi.

主語 ＋ chưa ＋ 動詞.

私はもうシャワーを浴びました。

トイ ダアッ タム ゾーイ

Tôi đã tắm rồi.

私　　過去　　浴びる　　すでに

私はまだシャワーを浴びていません。

トイ チュア タム

Tôi chưa tắm.

私　　まだ〜ない　　浴びる

🪷　　ベトナム語には、その出来事が現時点までに完了していることを示す完了
形という表現があります。肯定形「もう〜しました」は主語＋ đã（ダアッ）
＋動詞＋ rồi（ゾーイ）の形で表します。過去形のđãは省略可能、文末のrồiは
「もう、すでに」という意味です。否定形「まだ〜していません」は主語＋ chưa
（チュア）＋動詞の形で、chưaは「まだ〜ない」という未完了を表します。

私はもう宿題をしました。

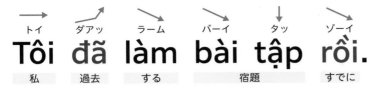

トイ	ダアッ	ラーム	バーイ	タッ	ゾーイ
Tôi	đã	làm	bài tập		rồi.
私	過去	する	宿題		すでに

彼女はもう結婚しました。

チ	アイー	ケッ	ホン	ゾーイ
Chị	ấy	kết	hôn	rồi.
彼女		結婚する〈結婚〉		すでに

＊đã（ダアッ）が省略されています。

私はまだ宿題をしていません。

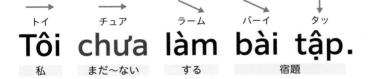

トイ	チュア	ラーム	バーイ	タッ
Tôi	chưa	làm	bài tập.	
私	まだ〜ない	する	宿題	

彼はまだ結婚していません。

アイン	アイー	チュア	ケッ	ホン
Anh	ấy	chưa	kết	hôn.
彼		まだ〜ない	結婚する〈結婚〉	

もう◇◇しましたか？
動詞

（動詞の完了形②）

基本文型 主語（ ＋ đã ） ＋ 動詞 ＋ chưa?

あなたはもう食べましたか？

アイン　　ダアッ　　アン　　チュア

Anh đã ăn chưa?

あなた　　過去　　食べる　　まだ〜ない

🪷 「もう〜しましたか？」という完了の疑問形は、主語＋ đã（ダアッ）＋動詞＋ chưa（チュア）?の形で表します。đã は省略可能です。返答する際は、「はい」には vâng（ヴァン）や có（コー）ではなく rồi（ゾーイ）を、「いいえ」には không（コン）ではなく chưa を使います。

もうご飯食べた？

エーム　　アン　　コム　　チュア

Em ăn cơm chưa?

あなた　　食べる　　ご飯　　まだ〜ない

＊ đã（ダアッ）が省略されています。

「元気？」と同じように使えるよ

はい、もう食べました。

ゾーイ　トイ　アン　ゾーイ

Rồi, tôi ăn rồi.

はい　　　私　　食べる　すでに

＊đã（ダアッ）が省略されています。

いいえ、まだ食べていません。

チュア　トイ　チュア　アン

Chưa, tôi chưa ăn.

いいえ　　　私　　まだ〜ない　食べる

もう宿題をしましたか？

アイン　ラーム　バーイ　タッ　チュア

Anh làm bài tập chưa?

あなた　　する　　　宿題　　　まだ〜ない

結婚していますか？

チ　ケッ　ホン　チュア

Chị kết hôn chưa?

あなた　　結婚する〈結婚〉　まだ〜ない

＊直訳すると「もう結婚しましたか？」となります。ベトナムでは、初対面でも「結婚している？」「子どもはいるの？」などとよく聞かれます。

何ですか？

> **基本文型**　　主語 ＋ là gì?

あなたの名前は何ですか？

アイン	テン	ラー	ジー
Anh	**tên**	**là**	**gì?**
あなた	名前	である	何

 gì（ジー）は英語の**What**にあたる疑問詞です。英語と違って、疑問詞を必ず文頭に置くというルールはベトナム語にはなく、肯定文から語順を変える必要がありません。例えばlà（ラー）を使った文で述語＝名詞を知りたければ、その名詞の位置にgì「何」を入れます。返答するときはgìの位置に物を表す名詞を入れましょう。

これは何ですか？

カーイ	ナイー	ラー	カーイ	ジー
Cái	**này**	**là**	**cái**	**gì?**
類別詞	この	である	類別詞	何

返答例 これは蓮茶です。▶ Cái này là trà sen.

110

ハノイの名物は何ですか？

ダッ	サーン	ハー	ノイ	ラー	ジー
Đặc	**sản**	**Hà**	**Nội**	**là**	**gì?**
名物〈特産〉		ハノイ〈河内〉		である	何

返答例 ハノイの名物はフォーです。▶ Đặc sản Hà Nội là phở.

あなたの趣味は何ですか？

ソー	ティッ	クーア	アイン	ラー	ジー
Sở	**thích**	**của**	**anh**	**là**	**gì?**
趣味		の	あなた	である	何

返答例 私の趣味はサッカーです。▶ Sở thích của tôi là bóng đá.

LEVEL UP

何を食べますか？

アイン	セエッ	アン	ジー
Anh	**sẽ**	**ăn**	**gì?**
あなた	未来	食べる	何

何を飲んでいますか？

アイン	ダーン	ウオン	ジー
Anh	**đang**	**uống**	**gì?**
あなた	現在進行	飲む	何

＊「何を◇◇しますか？」とたずねたいときは、動詞文の肯定形（→ P.80）の動詞の後ろの目的語の位置に gì（ジー）を入れます。

どれですか？

 基本文型 主語 ＋ là ＋ 名詞or類別詞 ＋ nào?

パクチーはどれですか？

ザウ	ムーイ	ラー	カーイ	ナーオ
Rau mùi		**là**	**cái**	**nào?**
野菜・におい（パクチー）		である	類別詞	どの

nào（ナーオ）は英語のWhichにあたる疑問詞です。nàoは単独で使うことができず、必ず名詞（または類別詞）＋ nào の形をとって「どの○○」と表します。gì（ジー）「何」と同様、肯定文から語順を変える必要がなく、là（ラー）を使った文で述語＝名詞を知りたければその名詞の位置に、名詞（類別詞）＋ nàoを入れます。返答するときはnàoの位置に物を表す名詞を入れましょう。

あなたのバイクはどれですか？

セー	マイー	クーア	アイン	ラー	セー	ナーオ
Xe	**máy**	**của**	**anh**	**là**	**xe**	**nào?**
	バイク	～の	あなた	である	車両	どの

返答例 私のバイクはあれです。▶ Xe máy của tôi là xe kia.
（セー マイー クーア トイ ラー セー キーア）

112

どちらの国の方ですか？

チ	ラー	ングオイ	ヌオッ	ナーオ
Chị	là	người	nước	nào?
あなた	である	人	国	どの

返答例　私は日本人です。▶ Tôi là người Nhật.
（トイ　ラー　ングオイ　ニャッ）

どれですか？

カーイ	ナーオ
Cái	nào?
類別詞	どの

＊お互いに話の内容や状況を了解しているときには、名詞（類別詞）＋ nào だけで簡潔にたずねることもできます。返答も Cái kia.（カーイキーア）「あれです」などとシンプルで OK です。

LEVEL UP

どの料理を食べますか？

アイン	セエッ	アン	モン	ナーオ
Anh	sẽ	ăn	món	nào?
あなた	未来	食べる	料理	どの

どの色が好きですか？

チ	ティッ	マーウ	ナーオ
Chị	thích	màu	nào?
あなた	好む	色	どの

＊「どの□□を◇◇しますか？」と言いたいときは、動詞文の肯定形（→P.80）の動詞の後ろの目的語の位置に名詞（類別詞）＋ nào（ナーオ）を入れます。

だれですか？

基本文型　　　主語 ＋ là ai?

あの人はだれですか？

ングオイ　　　キーア　　ラー　　アーイ
Người kia là ai?
人　　　　　　あの　　　である　だれ

Ai（アーイ）は英語の**Who**にあたる疑問詞です。gì（ジー）「何」（→P.110）やnào（ナーオ）「どの」（→P.112）と同様、肯定形から語順を変える必要がなく、là（ラー）を使った文で述語＝名詞を知りたければ、その名詞の位置にaiを入れます。返答するときはaiの位置に人を表す名詞を入れましょう。

......

彼はだれですか？

アイン　　アイー　　ラー　　アーイ
Anh ấy là ai?
　　　　　彼　　　　　である　だれ

返答例　彼はビンさんです。▶ Anh ấy là anh Bình.
アイン　アイー　ラー　アイン　　ビン

114

これはだれのですか？

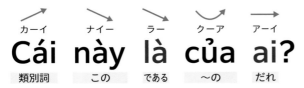

カーイ	ナイー	ラー	クーア	アーイ
Cái	**này**	**là**	**của**	**ai?**
類別詞	この	である	〜の	だれ

返答例 これは私のです。▶ Cái này là của tôi.
（カーイ ナイー ラー クーア トイ）

だれですか？

アーイ
Ai？
だれ

＊お互いに話の内容や状況を了解しているときには、Ai？ だけで簡潔にたずねることもできます。返答も Anh Bình.（アイン ビン）「ビンさん」などとシンプルで OK です。

LEVEL UP

だれに会いますか？

アイン	セエッ	ガッ	アーイ
Anh	**sẽ**	**gặp**	**ai?**
あなた	未来	会う	だれ

だれと行きましたか？

チ	ダアッ	ディ	ヴォイ	アーイ
Chị	**đã**	**đi**	**với**	**ai?**
あなた	過去	行く	〜と	だれ

＊「だれに（だれと）〜しますか？」と言いたいときは、動詞文の肯定形（→P.80）の動詞の後ろの目的語の位置に ai（với ai）などを入れます。

いつですか？

基本文型

> khi nào ＋ 主語 ＋ 動詞？ 未来
>
> 主語 ＋ 動詞 ＋ khi nào? 過去

あなたはいつ行きますか？ 未来

キー ナーオ アイン ディ

Khi nào anh đi?
いつ　　　　　　　　あなた　行く

あなたはいつ行きましたか？ 過去

アイン ディ キー ナーオ

Anh đi khi nào?
あなた　　行く　　　　　いつ

 khi nào（キー ナーオ）は英語の**When**にあたる疑問詞です。置く場所によって意味が変わり、文頭だと未来を、文末だと過去を表します。その際、過去や未来を表す助動詞**đã**（ダァッ）（→P.104）や**sẽ**（セエッ）（→P.100）は通常省略されます。返答するときは**khi nào**の位置に時を表す単語（→P.144）を入れるので、未来の文なら文頭に、過去の文なら文末に置いて答えます。

116

いつ帰国しますか？ 未来

キー　ナーオ　チ　ヴェ　ヌオッ

Khi nào chị về nước?

いつ　　　あなた　帰る　　国

返答例 来月帰国します。▶ Tháng sau tôi về nước.
（ターン　サウ　トイ　ヴェ　ヌオッ）

いつ旅行に行くの？ 未来

キー　ナーオ　エーム　ディ　ズ　リッ

Khi nào em đi du lịch?

いつ　　　　あなた　行く　　旅行する〈遊歴〉

返答例 来週行きます。▶ Tuần sau tôi đi.
（トゥアン　サウ　トイ　ディ）

いつハノイに来ましたか？ 過去

チ　デン　ハー　ノイ　キー　ナーオ

Chị đến Hà Nội khi nào?

あなた　来る　ハノイ〈河内〉　　　いつ

返答例 先月来ました。▶ Tôi đến tháng trước.
（トイ　デン　ターン　チュオッ）

いつですか？

キー　ナーオ

Khi nào?

いつ

＊お互いに話の内容や状況を了解しているときには、Khi nào? だけで簡潔にたずねることもできます。返答も Tuần trước.（トゥアン　チュオッ）「先週」などとシンプルでOKです。

どこですか？

主語 ＋ ở ＋ đâu?

あなたの会社はどこですか？

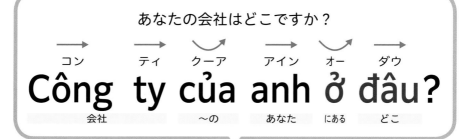

コン	ティ	クーア	アイン	オー	ダウ
Công	ty	của	anh	ở	đâu?
会社		～の	あなた	にある	どこ

đâu（ダウ）は英語の**Where**にあたる疑問詞です。いつも文末に置かれ、主語 ＋ ở ＋ đâu? の形で「～はどこですか」の意味を表します。ここでのở（オー）は「～にある、～にいる」という動詞です。返答するときはđâuの位置に場所を表す名詞を入れます。

あなたの出身はどこですか？

クエー	クーア	アイン	オー	ダウ
Quê	của	anh	ở	đâu?
故郷	～の	あなた	にある	どこ

返答例 私の出身はフエです。▶ Quê của tôi ở Huế.

118

タオさんはどこですか？

チ	ターオ	ダーン	オー	ダウ
Chị	**Thảo**	**đang**	**ở**	**đâu?**
さん	タオ	現在進行	にいる	どこ

返答例 彼女は事務所にいます。▶ Chị ấy đang ở văn phòng.
（チ アイー ダーン オー ヴァン フォン）

どこですか？

オー	ダウ
Ở	**đâu?**
にある	どこ

＊お互いに話の内容や状況を了解しているときは、Ở đâu? だけで簡潔にたずねることもできます。返答も ở nhà.（オー ニャー）「家です」などとシンプルで OK です。

LEVEL UP

どこで食べますか？

アイン	セエッ	アン	オー	ダウ
Anh	**sẽ**	**ăn**	**ở**	**đâu?**
あなた	未来	食べる	〜で	どこ

どこでベトナム語を勉強しましたか？

チ	ダアッ	ホッ	ティエン	ヴィエッ	オー	ダウ
Chị	**đã**	**học**	**tiếng**	**Việt**	**ở**	**đâu?**
あなた	過去	勉強する	語	ベトナム〈越〉	〜で	どこ

＊「どこで〜しますか？」と言いたいときは、動詞文の肯定形（→ P.80）の動詞の後ろの目的語の位置に ở đâu を入れます。ここでの ở は前置詞「〜で」です。

どうですか？

 基本文型 主語 ＋ thế nào?

ベトナム料理はどうですか？

モン　アン　ヴィエッ　ナーム　テー　ナーオ
Món ăn Việt Nam thế nào?
料理　　　　ベトナム〈越南〉　　どうですか

🪷 thế nào（テー ナーオ）は英語の How に似た疑問詞で、いつも文末に置かれます。「〜はどうですか？」「いかがですか？」という意味で、対象の状態や様子、相手の意見などをたずねるときに使います。返答するときは感情や感覚にあたる単語（主に形容詞→P.78）を入れます。

フォーの味はどうですか？

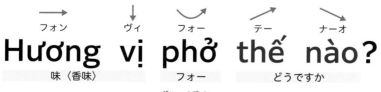

フォン　ヴィ　フォー　テー　ナーオ
Hương vị phở thế nào?
味〈香味〉　フォー　　どうですか

返答例 とてもおいしいです。▶ Rất ngon.
ザッ　ンゴーン

120

仕事はどうですか？

コン	ヴィエッ	クーア	アイン	テー	ナーオ

Công việc của anh thế nào?

仕事　　　　〜の　あなた　　どうですか

返答例 順調です。▶Công việc của tôi thuận lợi.
（コン ヴィエッ クーア トイ トゥアン ロイ）

体調はどうですか？

スッ	コエー	クーア	チ	テー	ナーオ

Sức khỏe của chị thế nào?

健康　　　　〜の　あなた　　どうですか

返答例 まあまあいいです。▶Sức khỏe của tôi khá tốt.
（スッ コエー クーア トイ カー トッ）

どうですか？

テー	ナーオ

Thế nào?

どうですか

＊お互いに話の内容や状況を了解しているとは、Thế nào? だけで簡潔にたずねることもできます。返答も Khó lắm.（コー　ラム）「すごく難しい」などでも OK です。

LEVEL UP

あなたはどう考えますか？

アイン	ンギイッ	ニュー	テー	ナーオ

Anh nghĩ như thế nào?

あなた　考える　〜のように　どうですか

＊như（ニュー）「〜のように」という単語を加えて、主語＋動詞＋như thế nào?（ニュー テー ナーオ）の形で「○○はどのように◇◇しますか？」という表現もあります。

どのくらいですか？①
（数量をたずねる）

 基本文型 主語（＋動詞）＋bao nhiêu ＋名詞（類別詞）？

これはいくらですか？

カーイ	ナイー	バーオ	ニエウ	ティエン
Cái	**này**	**bao**	**nhiêu**	**tiền?**
これ		どのくらい		お金〈銭〉

🌸 bao nhiêu（バーオ　ニエウ）は、英語のHow manyやHow muchにあたり、「どのくらい多いか」と数量をたずねるのに使います。英語と違って文頭ではなく、主語や動詞の後ろに置かれます。bao nhiêuが入っていた位置に数字（→P.132）を入れて答えましょう。

おいくつですか？

アイン	バーオ	ニエウ	トゥオイ
Anh	**bao**	**nhiêu**	**tuổi?**
あなた	どのくらい		年齢

返答例 30歳です。▶ **Tôi 30 tuổi.**
トイ　バームオイ トゥオイ

いくつ買いますか？

チ　ムア　バーオ　ニエウ　カーイ

Chị mua bao nhiêu cái?

あなた　買う　どのくらい　類別詞（個）

返答例 5個買います。▶ Tôi mua 5 cái.
(トイ ムア ナム カーイ)

何kgほしいですか？

アイン　ムオン　ムア　バーオ　ニエウ　カン

Anh muốn mua bao nhiêu cân?

あなた　したい　買う　どのくらい　キロ〈斤〉

返答例 3kgほしいです。▶ Tôi muốn mua 3 cân.
(トイ ムオン ムア バー カン)

何冊持っていますか？

チ　コー　バーオ　ニエウ　クイエン

Chị có bao nhiêu quyển?

あなた　ある・持つ　どのくらい　類別詞（冊）

返答例 4冊持っています。▶ Tôi có 4 quyển.
(トイ コー ボン クイエン)

どのくらいですか？

バーオ　ニエウ

Bao nhiêu?

どのくらい

＊お互いに話の内容や状況を了解しているときは、Bao nhiêu?だけで簡潔にたずねることもできます。返答もMười nghìn.（ムオイ ンギン）「1万（ドン）」などとシンプルでOKです。

どのくらいですか？②

（時間の長さをたずねる）

 基本文型 　主語 ＋ 動詞 ＋ bao lâu？

あなたはどのくらいここに住んでいましたか？

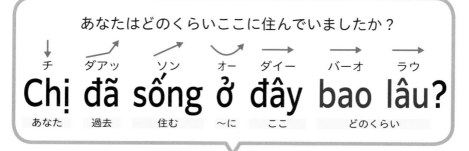

チ	ダアッ	ソン	オー	ダイー	バーオ	ラウ
Chị	đã	sống	ở	đây	bao	lâu？
あなた	過去	住む	〜に	ここ	どのくらい	

🪷 bao lâu（バーオ　ラウ）は、英語の **How long** にあたり、「どのくらい長いか」と時間の長さをたずねるのに使います。英語と違って文頭ではなく、動詞や目的語の後ろに置かれます。**bao lâu** が入っていた位置に数字（→P.132）を入れて答えましょう。

どのくらい日本に住んでいますか？

チ	ソン	オー	ニャッ	バーオ	ラウ	ゾーイ
Chị	sống	ở	Nhật	bao	lâu	rồi？
あなた	住む	〜で	日本〈日〉	どのくらい		すでに

返答例 　もう3年です。▶ Tôi sống 3 năm rồi.
トイ　ソン　バ　ナム　ゾーイ

124

どのくらい待ちますか？

トイ	セエッ	ファーイ	ドイ	バーオ	ラウ
Tôi	**sẽ**	**phải**	**đợi**	**bao**	**lâu?**
私	未来	しなければならない	待つ	どのくらい	

返答例 30分くらいお待ちくださいね。▶ Anh đợi khoảng 30 phút nhé.
（アイン　ドイ　コアン　バームオイ　フッ　ニエ）

ここからどのくらいかかりますか？

トゥ	ダイー	コーン	バーオ	ラウ	ヌアッ
Từ	**đây**	**còn**	**bao**	**lâu**	**nữa?**
から	ここ	まだある	どのくらい		さらに

返答例 1時間くらいです。▶ Từ đây còn khoảng 1 tiếng nữa.
（トゥ　ダイー　コーン　コアン　モッ　ティエン　ヌアッ）

どのくらい勉強しましたか？

チ	ダアッ	ホッ	バーオ	ラウ
Chị	**đã**	**học**	**bao**	**lâu?**
あなた	過去	勉強する	どのくらい	

返答例 半年勉強しました。▶ Tôi đã học nửa năm.
（トイ　ダアッ　ホッ　ヌーア　ナム）

どのくらいですか？

バーオ	ラウ
Bao	**lâu?**
どのくらい	

＊お互いに話の内容や状況を了解しているときは、**Bao lâu?**だけで簡潔にたずねることもできます。返答も **Hai tháng.**（ハーイ ターン）「2カ月」などとシンプルで**OK**です。

なぜですか？

 基本文型　Tại sao ＋ 主語 ＋ 動詞？

なぜあなたは行くのですか？

タイ　サーオ　アイン　ディ
Tại sao anh đi?
なぜ　　　　　あなた　行く

🪷 Tại sao（タイ　サーオ）は英語の **Why** にあたる疑問詞で、どんな場合でも必ず文頭に置かれます。Tại sao を使った文に対して理由を答えるときは、**Bởi vì**（ボーイ　ヴィ）＋主語＋動詞の形で、「なぜなら〜だからです」と言いましょう。

なぜベトナム語を勉強していますか？

タイ　サーオ　アイン　ホッ　ティエン　ヴィエッ
Tại sao anh học tiếng Việt?
なぜ　　　　　あなた　勉強する　　語　　ベトナム〈越〉

返答例　ベトナムが好きだからです。▶ Bởi vì tôi thích Việt Nam.
ボーイ　ヴィ　トイ　ティッ　ヴィエッ　ナーム

126

なぜ休んだのですか？

タイ　　サーオ　　チ　　ダアッ　　ンギー

Tại sao chị đã nghỉ?

なぜ　　　　あなた　　過去　　休む

返答例　熱があったからです。▶ Bởi vì tôi đã bị sốt.
（ボーイ ヴィ トイ ダアッ ビ ソッ）

なぜ来なかったのですか？

タイ　　サーオ　　エーム　　コン　　デン

Tại sao em không đến?

なぜ　　　　あなた　　　ない　　　来る

返答例　用事があったからです。▶ Bởi vì tôi đã có việc.
（ボーイ ヴィ トイ ダアッ コー ヴィエッ）

なぜですか？

タイ　　サーオ

Tại sao?

なぜ

＊お互いに話の内容や状況を了解しているときは、Tại sao? だけで簡潔にたずねることもできます。返答するときはやはり Bởi vì… 「なぜなら〜」を使いましょう。

LEVEL UP

どうして遅刻したの？

サーオ　　エーム　　デン　　ムオン

Sao em đến muộn?

どうして　　あなた　　来る　　遅く

返答例　渋滞で。▶ Vì tôi bị tắc đường.
（ヴィ トイ ビ タッ ドゥオン）

＊Tại sao? よりもカジュアルな表現に Sao?（サーオ）「どうして？」があります。返答するときは Vì… 「なぜなら〜」を使いましょう。

街にあふれるベトナム語の看板

　ベトナムでは、看板広告に表記する文字はベトナム語でなければならないこと、外国語を併記する際には文字サイズをベトナム語より小さくし、ベトナム語の下に配置させることが法律で決まっています。ベトナム人が自分たちの言語に誇りを持ち、大切にしていることが伝わってきます。

　よく目にする看板に、Cấm（カム）で始まるものがあります。これは漢越語〈禁〉で、Đừng（ドゥン）「〜しないで」（→ P.94）と同じ意味ですが、こちらは看板や文章の中でのみ使われるややかたい表現です。Cấmから始まる看板を見かけたら、気をつけてみましょう。

　また、ベトナムでは統一のピクトグラムがまだあまり使われていません。例えばトイレの男女表示もその場所によって絵柄が異なるため、Nam（ナーム）「男」、Nữ（ヌー）「女」（漢越語〈男〉〈女〉）の文字が書かれています。バスには優先席がありますが、こちらも日本とは違って文字で説明されています。

　筆者はホーチミン市に暮らし、ベトナム語を勉強しました。街にあふれる看板を日に日に読めるようになってきたことが、当時とても嬉しかったものです。

「喫煙禁止」

「公的機関の前は
販売・駐車禁止」

応用編

第**4**章

場面別にベトナム語を話してみよう

旅行で、ビジネスで、ベトナムを訪れたときに使える
フレーズを学びましょう。
両替や移動、食事をするときなど、
すぐに使えるものばかりです。
単語を入れ替えて会話を楽しみましょう。

※この章では、基本単語（P.132、P.144〜145、P.154〜155、
P.168〜169）以外、声調の矢印はつけていません。

両替をする

両替をお願いします。

ラーム　オン　ドーイ　ティエン　チョー　トイ
Làm ơn đổi tiền cho tôi.
していただけますか　替える　お金〈銭〉　～に　　私

＊「両替所」は quầy đổi tiền（クアイー ドーイ ティエン）と言います。

ベトナムドンに両替したいです。

トイ　ムオン　ドーイ　サン　ティエン　ヴィエッ
Tôi muốn đổi sang tiền Việt.
私　　したい　替える　～に　お金〈銭〉ベトナム〈越〉

＊「ベトナムドン」は đồng Việt（ドン ヴィエッ）ですが、「ベトナムのお金」tiền Việt（ティエン ヴィエッ）という表現のほうがよく使われます。

1万円は何ドンですか？

ムオイ　ンギン　イエン　バン　バーオ　ニエウ　ティエン　ヴィエッ
Mười nghìn yên bằng bao nhiêu tiền Việt?
10　1000　円　等しい　どのくらい　お金〈銭〉ベトナム〈越〉

＊直訳すると、「1万円はベトナムのお金でいくらですか？」となります。

これを小額紙幣にくずしてください。

ニョー　チ　ドーイ　カーイ　ナイー　サン　ティエン　レー
Nhờ chị đổi cái này sang tiền lẻ.
頼む　あなた　替える　これ　　～に　小額紙幣

返答例 はい。少々お待ちください。▶ Vâng. Em chờ một chút nhé.
ヴァン　エーム　チョー　モッ　チュッ　ニエ

＊ベトナムは硬貨がなく、紙幣のみです。

130

● 会話例

ベトナムドンに両替したいです。

トイ	ムオン	ドーイ	サン	ティエン	ヴィエッ
Tôi	**muốn**	**đổi**	**sang**	**tiền**	**Việt.**
私	したい	替える	〜に	お金〈銭〉	ベトナム〈越〉

1万円は何ドンですか？

ムオイ	ンギン	イエン	バン	バーオ	ニエウ	ティエン	ヴィエッ
Mười	**nghìn**	**yên**	**bằng**	**bao**	**nhiêu**	**tiền**	**Việt?**
10	1000	円	等しい	どのくらい		お金〈銭〉	ベトナム〈越〉

200万ドンです。両替しますか？

ハーイ	チエウ	ドン	アイン	コー	ドーイ	ティエン	コン
Hai	**triệu**	**đồng.**	**Anh**	**có**	**đổi**	**tiền**	**không?**
2	100万	ドン	あなた	ある	替える	お金〈銭〉	ない

はい。100万ドンを小額紙幣にくずしてください。

コー	ニョー	エーム	ドーイ	モッ	チエウ	ドン	サン	ティエン	レー
Có.	**Nhờ**	**em**	**đổi**	**một**	**triệu**	**đồng**	**sang**	**tiền**	**lẻ.**
はい	頼む	あなた	替える	1	100万	ドン	〜に	小額紙幣	

かしこまりました。少々お待ちください。

ヴァン	ア	シン	アイン	チョー	モッ	チュッ
Vâng	**ạ.**	**Xin**	**anh**	**chờ**	**một**	**chút.**
はい	敬意	〈請〉	あなた	待つ		少し

✎ 語句・表現

- **đổi tiền** 両替する　● **nhờ** 頼む　● **tiền lẻ** 小額紙幣
- **Vâng ạ** かしこまりました　● **một chút** 少し

131

0〜19の数字

ベトナム語の数字は1〜10までを基軸に、二桁の数字は日本語と同様の組み立てで表すことができます。ただし、15以降、一の位が「5」の数字（25、35…）は、năm から lăm に変化します。

0	コン **không**	10	ムオイ **mười**
1	モッ **một**	11	ムオイ モッ **mười một** 10　　1
2	ハーイ **hai**	12	ムオイ ハーイ **mười hai** 10　　2
3	バー **ba**	13	ムオイ バー **mười ba** 10　　3
4	ボン **bốn**	14	ムオイ ボン **mười bốn** 10　　4
5	ナム **năm**	15	ムオイ ラム **mười lăm** 10　　5
6	サウ **sáu**	16	ムオイ サウ **mười sáu** 10　　6
7	バイー **bảy**	17	ムオイ バイー **mười bảy** 10　　7
8	ターム **tám**	18	ムオイ ターム **mười tám** 10　　8
9	チーン **chín**	19	ムオイ チーン **mười chín** 10　　9

10と1と4の
変化に注目！

20〜39の数字

※音声には99まで収録しています。

20以降、10はmườiからmươiに変化します。また、21以降、一の位にくる「1」はmộtからmốtに、24以降（34、44…）の一の位の「4」はbốn（ボン）からtư（トゥ）に変化します。

20	ハーイ ムオイ **hai mươi** 2　　　10	30	バー ムオイ **ba mươi** 3　　　10
21	ハーイ ムオイ モッ **hai mươi mốt** 2　　　10　　　1	31	バー ムオイ モッ **ba mươi mốt** 3　　　10　　　1
22	ハーイ ムオイ ハーイ **hai mươi hai** 2　　　10　　　2	32	バー ムオイ ハーイ **ba mươi hai** 3　　　10　　　2
23	ハーイ ムオイ バー **hai mươi ba** 2　　　10　　　3	33	バー ムオイ バー **ba mươi ba** 3　　　10　　　3
24	ハーイ ムオイ トゥ **hai mươi tư** 2　　　10　　　4	34	バー ムオイ トゥ **ba mươi tư** 3　　　10　　　4
25	ハーイ ムオイ ラム **hai mươi lăm** 2　　　10　　　5	35	バー ムオイ ラム **ba mươi lăm** 3　　　10　　　5
26	ハーイ ムオイ サウ **hai mươi sáu** 2　　　10　　　6	36	バー ムオイ サウ **ba mươi sáu** 3　　　10　　　6
27	ハーイ ムオイ バイー **hai mươi bảy** 2　　　10　　　7	37	バー ムオイ バイー **ba mươi bảy** 3　　　10　　　7
28	ハーイ ムオイ ターム **hai mươi tám** 2　　　10　　　8	38	バー ムオイ ターム **ba mươi tám** 3　　　10　　　8
29	ハーイ ムオイ チーン **hai mươi chín** 2　　　10　　　9	39	バー ムオイ チーン **ba mươi chín** 3　　　10　　　9

大きな数字

ベトナム語には「万」という単位がなく、1000以降の数字は英語と同様の方法で表現します。「1000」を表す nghìn は北部、ngàn は南部でよく使われる単語です。

100	モッ チャム **một trăm** 1　　　100	
1000	モッ ンギン **một nghìn**［北］ 1　　　1000	モッ ンガン **một ngàn**［南］ 1　　　1000
1万	ムオイ ンギン **mười nghìn**［北］ 10　　　1000	ムオイ ンガン **mười ngàn**［南］ 10　　　1000
10万	モッ チャム ンギン **một trăm nghìn**［北］ 1　　100　　1000	モッ チャム ンガン **một trăm ngàn**［南］ 1　　100　　1000
100万	モッ チエウ **một triệu** 1　　　100万	
1000万	ムオイ チエウ **mười triệu** 10　　　100万	
1億	モッ チャム チエウ **một trăm triệu** 1　　100　　100万	
10億	モッ ティ **một tỷ** 1　　10億	

十の位が0の数字

三桁以上の数字の十の位の「0」は không（コン）ではなく、linh（リン）〈零〉と読みます。また、linh に続く一の位の「1」「4」「5」は1〜10のときの読み方です。

101	モッ チャム リン モッ **một trăm linh một** 1　　100　〈零〉　1
205	ハーイ チャム リン ナム **hai trăm linh năm** 2　　100　〈零〉　5
2005	ハーイ ンギン コン チャム リン ナム **hai nghìn không trăm linh năm** 2　　1000　　0　　100　〈零〉　5

🪷 数字を使ういろいろな表現

・時刻の言い方

時刻は、日本語の「何時何分」と同じ語順で 数字 + giờ（ゾー）「時」、数字 + phút（フッ）「分」で表します。また、ベトナム語では24時間表記はあまり使われず、ほとんどの場合12時間表記を用います。その代わり、時刻の後ろに「朝」sáng（サーン）、「昼」trưa（チュア）、「午後」chiều（チエウ）、「夜」tối（トイ）、「深夜」đêm（デーム）などをつけてわかりやすくしています。

例）

午前10時　<ruby>mười<rt>ムオイ</rt></ruby> <ruby>giờ<rt>ゾー</rt></ruby> <ruby>sáng<rt>サーン</rt></ruby>（10 giờ sáng）
10　時　朝

午後3時15分　<ruby>ba<rt>バー</rt></ruby> <ruby>giờ<rt>ゾー</rt></ruby> <ruby>mười<rt>ムオイ</rt></ruby> <ruby>lăm<rt>ラム</rt></ruby> <ruby>phút<rt>フッ</rt></ruby> <ruby>chiều<rt>チエウ</rt></ruby>（3 giờ 15 phút chiều）
3　時　10　5　分　午後

・日付の言い方

日付は、日本語の「何月何日」という語順とは逆で、ngày（ンガイー）「日」+数字、tháng（ターン）「月」+数字と表します。

例）

8月12日　<ruby>ngày<rt>ンガイー</rt></ruby> <ruby>mười<rt>ムオイ</rt></ruby> <ruby>hai<rt>ハーイ</rt></ruby> <ruby>tháng<rt>ターン</rt></ruby> <ruby>tám<rt>ターム</rt></ruby>（ngày 12 tháng 8）
日　10　2　月　8

・年号の言い方

年号は、日本語の「何年」とは逆で、năm（ナム）「年」+数字と表します。四桁のすべて数字を読むのが正式ですが、日常会話などでは簡易的な読み方もよく使われます。

例）

1985年　<ruby>năm<rt>ナム</rt></ruby> <ruby>một<rt>モッ</rt></ruby> <ruby>nghìn<rt>ンギン</rt></ruby> <ruby>chín<rt>チン</rt></ruby> <ruby>trăm<rt>チャム</rt></ruby> <ruby>tám<rt>ターム</rt></ruby> <ruby>mươi<rt>ムオイ</rt></ruby> <ruby>lăm<rt>ラム</rt></ruby>（năm 1985）
年　1　1000　9　100　8　10　5

85年（簡易的な読み方）　<ruby>năm<rt>ナム</rt></ruby> <ruby>tám<rt>ターム</rt></ruby> <ruby>mươi<rt>ムオイ</rt></ruby> <ruby>lăm<rt>ラム</rt></ruby>（năm 85）
年　8　10　5

2021年　<ruby>năm<rt>ナム</rt></ruby> <ruby>hai<rt>ハーイ</rt></ruby> <ruby>nghìn<rt>ンギン</rt></ruby> <ruby>không<rt>コン</rt></ruby> <ruby>trăm<rt>チャム</rt></ruby> <ruby>hai<rt>ハーイ</rt></ruby> <ruby>mươi<rt>ムオイ</rt></ruby> <ruby>mốt<rt>モッ</rt></ruby>（năm 2021）
年　2　1000　0　100　2　10　1

・お金の言い方

ベトナムの貨幣単位は「ドン」đồngで、漢字の〈銅〉に由来します。紙幣のみを使い、現在、1000、2000、5000、1万、2万、5万、10万、20万、50万ドン札が流通しています。口頭でお金のやりとりする際、1万ドンから50万ドンの「1000」nghìn（ンギン）やngàn（ンガン）は省略され、たとえば1万ドンを「10」、10万ドンを「100」と言われることも多いので気をつけましょう（10ドンや100ドンで買えるものはありません）。

例）

2万ドン（約100円）　<ruby>hai<rt>ハーイ</rt></ruby> <ruby>mươi<rt>ムオイ</rt></ruby> <ruby>nghìn<rt>ンギン</rt></ruby>/ <ruby>ngàn<rt>ンガン</rt></ruby> <ruby>đồng<rt>ドン</rt></ruby>（20.000 đồng）
2　10　1000　ドン

20万ドン（約1000円）　<ruby>hai<rt>ハーイ</rt></ruby> <ruby>trăm<rt>チャム</rt></ruby> <ruby>nghìn<rt>ンギン</rt></ruby>/ <ruby>ngàn<rt>ンガン</rt></ruby> <ruby>đồng<rt>ドン</rt></ruby>（200.000 đồng）
2　100　1000　ドン

200万ドン（約1万円）　<ruby>hai<rt>ハーイ</rt></ruby> <ruby>triệu<rt>チエウ</rt></ruby> <ruby>đồng<rt>ドン</rt></ruby>（2.000.000 đồng）
2　100万　ドン

場所や交通手段をたずねる

単語を入れ替えて使おう

[___場所___] はどこですか？（→P.118）

[___] オー ダウ
ở đâu?
にある どこ

トイレ
ニャー ヴェ シン
Nhà vệ sinh
家　　衛生〈衛生〉

病院
ベイン ヴィエン
Bệnh viện
病院〈病院〉

銀行
ンガン ハーン
Ngân hàng
銀行〈銀行〉

両替所
クアイー ドーイ ティエン
Quầy đổi tiền
カウンター 替える お金〈銭〉

旧市街
フォー コー
Phố cổ
通り〈舗〉〈古〉

スーパー
シエウ ティ
Siêu thị
スーパー〈超市〉

デパート
チュン タム ムア サム
Trung tâm mua sắm
センター〈中心〉 ショッピング

切符売り場
チョオッ バン ヴェー
Chỗ bán vé
場所 売る 切符

歩いて行けますか？

トイ コー テエ ディ ボ ドゥオッ コン
Tôi có thể đi bộ được không?
私　　ありえる　　歩く　　できる　　ない

返答例 行けますよ！ ▶ ドゥオッ チュー
Được chứ!

136

歩いて何分かかりますか？

Đi bộ thì mất bao nhiêu phút?

ディ ボ ティ マッ バーオ ニエウ フッ

歩く　～だと　かかる　　どのくらい　　　分

返答例 数分で着きます。▶ Đi bộ mấy phút thì đến.
ディ ボ マイ フッ ティ デン

行き方を教えてください。

Làm ơn cho tôi biết cách đi.

ラーム オン チョー トイ ビェッ カイッ ディ

していただけますか　させる　私　知る　方法〈格〉行く

＊đi「行く」（ディ）のあとに目的地（場所）の単語を入れると「〜への行き方」と表現できます。

返答例 レズアン通りに出てまっすぐです。▶ Đến đường Lê Duẩn rồi đi thẳng.
デン ドゥオン レ ズアン ゾーイ ディ ターン

単語を入れ替えて使おう

　　　　　　　　に行きたいです。（→ P.96）
　　場所

Tôi muốn đi

トイ ムオン ディ

私　したい　行く

ハロン湾

Vịnh Hạ Long

ヴィン ハ ロン

湾　　　ハロン

クチ

Củ Chi

クー チー

クチ

ホイアン

Hội An

ホイ アーン

ホイアン

カントー

Cần Thơ

カン トー

カントー

ホーチミン市

Thành phố Hồ Chí Minh

タイン フォー ホー チー ミン

市〈城鋪〉　ホーチミン〈胡志明〉

＊ベトナムの名所はP.4で紹介しています。

☐☐☐☐☐ で行きたいです。(→ P.96)
交通手段

トイ　　　ムオン　　ディ　　バン
Tôi muốn đi bằng ☐☐☐☐☐
私　　　したい　　行く　　～で

バス	地下鉄
セ　ブイッ **xe buýt** バス	タウ　ディエン　ンガム **tàu điện ngầm** 船〈艚〉 電気〈電〉 地下の
飛行機	シクロ
マイー　バイー **máy bay** 機械　飛ぶ	シッ　ロ **xích lô** シクロ※
汽車	船
タウ　ホア **tàu hỏa** 船〈艚〉 火〈火〉	タウ　　トゥイエン **tàu / thuyền** 大型の船　中・小型の船

※シクロは三輪の自転車タクシーで、前方に荷物や人を乗せて運びます。

何で行くといいですか？

トイ　　ネン　ディ　バン　　ジー
Tôi nên đi bằng gì?
私　　すべき　行く　～で　　何

返答例 タクシーがおすすめです。▶ バン　ネン　ディ　バン　タッシー　ティ　トッ　ホン
Bạn nên đi bằng taxi thì tốt hơn.

＊タクシーはつかまりやすく、メーターで料金が決まるので安心です。

ここから遠いですか？

カイッ　　ダイー　　コー　サー　　　コン
Cách đây có xa không?
離れる〈隔〉 ここ　ある　遠い　　ない

返答例 いいえ、遠くないです。▶ コン　カイッ　ダイー　コン　サー
Không, cách đây không xa.

チュングエン・コーヒーに行きたいです。

トイ　ムオン　ディ　クアン　カー　フェ　チュン　ングエン
Tôi muốn đi quán cà phê Trung Nguyên.
私　　したい　行く　店〈館〉　コーヒー　　チュングエン〈中原〉

歩いて行けますか？

トイ　コー　テエ　ディ　ボ　ドゥオッ　　コン
Tôi có thể đi bộ được không?
私　　ありえる　　歩く　　できる　　ない

歩くと少し遠いです。

ディ　ボ　ティ　ホイ　サー
Đi bộ thì hơi xa.
歩く　だと　少し　遠い

タクシー乗り場はどこですか？

チャム　ドォッ　タッシー　オー　ダウ
Trạm đỗ taxi ở đâu?
停〈站〉　駐車する　タクシー　にある　どこ

レズアン通りにタクシーがたくさん停まっていますよ。

デン　　ドゥオン　レ　ズアン　ティ　コー　ニエウ　タッシー　ドォッ
Đến đường Lê Duẩn thì có nhiều taxi đỗ.
着く　　通り　　レズアン　だと　ある　多くの　タクシー　駐車する

わかりました。ありがとうございます。

トイ　ヒエウ　ゾーイ　　カーム　オン　バン
Tôi hiểu rồi. Cảm ơn bạn.
私　　理解する　すでに　感謝する〈感恩〉　あなた

✎ 語句・表現

- **quán cà phê Trung Nguyên**　チュングエン・コーヒー（→ P.180）
- **hơi** +形容詞　少し〜だ　**xa** 遠い　**trạm đỗ taxi** タクシー乗り場

目的地を目指す

タクシーを1台呼んでいただけますか。

ラーム　オン　ゴイ　モッ　チエッ　タッシー　チョー　トイ
Làm ơn gọi một chiếc taxi cho tôi.
していただけますか　呼ぶ　1　台　タクシー　〜に　私

返答例 はい、少々お待ちください。▶ ヴァン　シン　アイン　チョー　モッ　チュッ
Vâng, xin anh chờ một chút.

単語を入れ替えて使おう

［　　　　　　　］までお願いします。（→ P.88）
　　　場所

チョー　トイ　ディ　デン
Cho tôi đi đến ［　　　　　　　］
あげる・私（ください）行く　まで

ノイバイ空港
サン　バイー　ノイ　バーイ
sân bay Nội Bài
空港　　　　ノイバイ

（空港の）国際ターミナル
ガー　クオッ　テー
ga quốc tế
駅　国際〈国際〉

（空港の）国内ターミナル
ガー　ノイ　ディア
ga nội địa
駅　国内〈内地〉

バスターミナル
ベン　セ　ブイッ
bến xe buýt
発着所　バス

ハノイ駅
ガー　ハー　ノイ
ga Hà Nội
駅　ハノイ〈河内〉

船着き場
ベン　タウ
bến tàu
発着所　船〈艚〉

日本大使館（ハノイ）
ダイ　スー　クアン　ニャッ　バーン
Đại sứ quán Nhật Bản
大使館〈大使館〉　日本〈日本〉

時間はどのくらいかかりますか？

マッ　　　バーオ　　　ラウ
Mất bao lâu?
かかる　　　　　　どのくらい

返答例 ここから1時間くらいです。▶ Cách đây mất khoảng một tiếng.
カイッ　ダイ　マッ　　コアン　　モッ　ティエン

＊かかる時間のたずね方は P.124 で紹介しています。

急いでください。

ニョー　　　　アイン　　　　　ニャイン　　　レン
Nhờ anh nhanh lên.
頼む　　　あなた　　　　　速い　　　上がる

＊nhanh lên（ニャイン レン）はセットで使います。英語の hurry up に似た表現です。

ここで降ります。

トイ　　　　スオン　　　　オー　　ダイー
Tôi xuống ở đây.
私　　　降りる　　　〜で　ここ

＊đây（ダイー）「ここ」は đó（ドー）「そこ」や kia（キーア）「あそこ」に変えて使うことができます。

そこで止まってください。

ニョー　　　　アイン　　　　ズン　　　オー　ドー
Nhờ anh dừng ở đó.
頼む　　　あなた　　　止まる　　　〜で　そこ

＊止まってほしい場所を指差しながら伝えましょう。

領収書をください。

チョー　　　トイ　　　ホアー　　　　ドーン
Cho tôi hóa đơn.
あげる・私（ください）　　　領収書〈貨単〉

＊領収書がほしいときにはこのひと言を。ベトナムのタクシーでは、こちらから言わないと領収書をもらえません。

ダナンに行く便はありますか？

コー　　　　チュエン　　ディ　ダー　　ナンッ　　　コン
Có chuyến đi Đà Nẵng không?
ある　　　　　　便　　　行く　　　　ダナン　　　　　　ない

`返答例` 1日に10便あります。▶ Có mười chuyến một ngày.
コー　ムオイ　　チュエン　　モッ　ンガイー

....

この船はどこ行きですか？

タウ　　　ナイー　　ディ　　ダウ
Tàu này đi đâu?
船〈艚〉　　　この　　　行く　　どこ

`返答例` ブンタウ行きです。▶ Đi Vũng Tàu.
ディ　ヴンッ　タウ

＊ブンタウは南部の港湾都市で、海辺のリゾート地としても有名です。

....

ハノイ駅までいくらですか？

ディ　　デン　　ガー　　ハー　　ノイ　　ティ　　バーオ　　　ニエウ　　　ティエン
Đi đến ga Hà Nội thì bao nhiêu tiền?
行く　　　まで　　駅　　ハノイ〈河内〉　だと　　　どのくらい　　　　お金〈銭〉

`返答例` 120万ドンです。▶ Một triệu hai trăm nghìn đồng.
モッ　チェウ　ハーイ　チャム　ンギン　　ドン

＊かかるお金のたずね方はP.122で説明しています。

....

チケットを2枚ください。

チョー　　トイ　　ハーイ　　ヴェ
Cho tôi hai vé.
あげる・私（ください）　　2　　券

＊vé「券」（ヴェ）のあとに đi「行く」（ディ）＋目的地（場所）の単語を入れると、「〜行きの
　チケット」と表現できます。

....

出発まであとどのくらいですか？

コーン　　バーオ　　ラウ　　ヌアッ　　ティ　　コーイ　　ハイン
Còn bao lâu nữa thì khởi hành?
まだある　　　どのくらい　　さらに　　だと　　　出発する〈起行〉

`返答例` あと10分ほどです。▶ Còn khoảng mười phút nữa.
コーン　コアン　ムオイ　フッ　ヌアッ

142

🎧 4_07
S4_07

ダナン行きは1日に3便あります。

チュエン　ディ　ダー　ナンツ　コー　バー　チュエン　モッ　ンガイー
Chuyến đi Đà Nẵng có ba chuyến một ngày.
　便　　行く　ダナン　ある　3　便　1　日

何時出発ですか？

コーイ　ハイン　ルッ　マイー　ゾー
Khởi hành lúc mấy giờ?
出発する〈起行〉　〜に　何時

9時、12時、3時です。

チン　ゾー　ムオイ　ハーイ　ゾー　バー　ゾー
Chín giờ, mười hai giờ, ba giờ.
9　時　10　2　時　3　時

9時のチケットを1枚買いたいです。

トイ　ムオン　ムア　モッ　ヴェ　チン　ゾー
Tôi muốn mua một vé chín giờ.
私　したい　買う　1　券　9　時

はい。往復ですか、片道ですか？

ヴァン　クー　ホイ　ハーイ　モッ　チエウ
Vâng. Khứ hồi hay một chiều?
はい　往復〈去回〉　あるいは　片道

片道で。

モッ　チエウ
Một chiều.
片道

✏️ 語句・表現

● chuyến　便　● khởi hành　出発する　● 〜 giờ　〜時
● A hay B?　AですかBですか？　● khứ hồi　往復　● một chiều　片道

基本単語❺ 曜日・日・月など

4_08
S4_08

曜日

曜日は日曜を始まりとし、月曜を「2番目」、火曜を「3番目」と表します。数字は1〜7の言い方（→P.132）にならいますが、水曜の「4番目」の4のみ例外で、bốn（ボン）ではなくtư（トゥ）を使います。

日曜	チュー ニャッ **chủ nhật** 〈主日〉	月曜	トゥー ハーイ **thứ hai** 番目　2	火曜	トゥー バー **thứ ba** 番目　3
水曜	トゥー トゥ **thứ tư** 番目　4	木曜	トゥー ナム **thứ năm** 番目　5	金曜	トゥー サウ **thứ sáu** 番目　6
土曜	トゥー バイー **thứ bảy** 番目　7	※ベトナム語の日付の表し方は日本語とは真逆の語順となり（→P.135）、曜日が必要なときは先頭に入れます。例えば、2020年8月16日（日）は chủ nhật, ngày 16 tháng 8 năm 2020（チュー ニャッ ンガイー ムオイ サウ ターン タム ナム ハーイ ンギン コン チャム ハーイムオイ）と表します。				

日

1〜10日は ngày（ンガイー）＋序数詞 mồng（モン）＋数字、それ以降は ngày（ンガイー）＋数字（→P.132）で表します。例えば「20日」は ngày hai mươi（ンガイー ハーイ ムオイ）と表します（→P.133）。

1日	ンガイー モン モッ **ngày mồng một** 日　序数詞　1	2日	ンガイー モン ハーイ **ngày mồng hai** 日　序数詞　2
3日	ンガイー モン バー **ngày mồng ba** 日　序数詞　3	4日	ンガイー モン ボン **ngày mồng bốn** 日　序数詞　4
5日	ンガイー モン ナム **ngày mồng năm** 日　序数詞　5	6日	ンガイー モン サウ **ngày mồng sáu** 日　序数詞　6
7日	ンガイー モン バイー **ngày mồng bảy** 日　序数詞　7	8日	ンガイー モン ターム **ngày mồng tám** 日　序数詞　8
9日	ンガイー モン チーン **ngày mồng chín** 日　序数詞　9	10日	ンガイー モン ムオイ **ngày mồng mười** 日　序数詞　10

月

tháng（ターン）＋数字で表現できます。数字は1〜12の言い方（→P.132）にならいますが、4月のみ例外で、bốn（ボン）ではなくtư（トゥ）を使います。

1月	ターン モッ **tháng một** 月 1	**2月**	ターン ハーイ **tháng hai** 月 2
3月	ターン バー **tháng ba** 月 3	**4月**	ターン トゥ **tháng tư** 月 4
5月	ターン ナム **tháng năm** 月 5	**6月**	ターン サウ **tháng sáu** 月 6
7月	ターン バイー **tháng bảy** 月 7	**8月**	ターン ターム **tháng tám** 月 8
9月	ターン チーン **tháng chín** 月 9	**10月**	ターン ムオイ **tháng mười** 月 10
11月	ターン ムオイ モッ **tháng mười một** 月 10 1	**12月**	ターン ムオイ ハーイ **tháng mười hai** 月 10 2

今日など

「今日」など、日、週、月の表現は、日、週、月という時間を表す単語＋現在（この）、前、後などの時点を表す単語の語順で表現できます。

今日	ホム ナイー **hôm nay** 日 現在の	**今週**	トゥアン ナイー **tuần này** 週 この	**今月**	ターン ナイー **tháng này** 月 この
昨日	ホム クアー **hôm qua** 日 過ぎる	**先週**	トゥアン チュオッ **tuần trước** 週 前	**先月**	ターン チュオッ **tháng trước** 月 前
明日	ンガイー マーイ **ngày mai** 日 明日	**来週**	トゥアン サウ **tuần sau** 週 後	**来月**	ターン サウ **tháng sau** 月 後

買い物をする

このあたりにスーパーはありますか？

<small>オー　ガン　ダイー　コー　シエウ　ティ　コン</small>

Ở gần đây có siêu thị không？

～に　近く　ここ　ある　スーパー〈超市〉　ない

＊都市部にはスーパーのほかに、市場、百貨店、コンビニなど日用品を買える場所がたくさんあります。

単語を入れ替えて使おう

　　　　　　　を売っていますか？
衛生用品

<small>コー　バン　コン</small>

Có bán □ không？

ある　売る　　　　　　　　　ない

歯ブラシ

<small>バン　チャーイ　ダイン　ザン</small>

bàn chải đánh răng

ブラシ　磨く　歯

歯磨き粉

<small>ケーム　ダイン　ザン</small>

kem đánh răng

クリーム　磨く　歯

トイレットペーパー

<small>ザイー　ヴェ　シン</small>

giấy vệ sinh

紙　衛生〈衛生〉

薬

<small>トゥオッ</small>

thuốc

薬

シャンプー

<small>ザウ　ゴイ</small>

dầu gội

油　洗髪する

リンス

<small>ザウ　サー</small>

dầu xả

油　すすぐ

バスタオル

<small>カン　タム</small>

khăn tắm

タオル　浴びる

ボディソープ

<small>スアッ　タム</small>

sữa tắm

ミルク　浴びる

石けん

<small>サー　ボン</small>

xà bông※

石けん

ティッシュペーパー

<small>カン　ザイー</small>

khăn giấy

タオル　紙

※フランス語のsavonが由来のベトナム語です。

単語を入れ替えて使おう

青果
〔　　　　　〕をください。(→ P.88)

チョー　　トイ
Cho tôi 〔　　　　　〕
あげる・私（ください）

ベトナムでは量り売りが多いみたい！

マンゴー	パパイヤ	バナナ
ソアイ **xoài** マンゴー	ドゥ　ドゥ **đu đủ** パパイヤ	チュオイ **chuối** バナナ

ドリアン	マンゴスチン	パクチー
サウ　　ジエン **sầu riêng** ドリアン	マン　　クッ **măng cụt** マンゴスチン	ザウ　　ムーイ **rau mùi** 野菜・におい（パクチー）

ココナッツ	ドラゴンフルーツ	グァバ
ズア **dừa** ココナッツ	タイン　　ロン **thanh long** ドラゴンフルーツ	オーイ **ổi** グァバ

ライチ	トマト	にんじん
ヴァーイ **vải** ライチ	カー　　チュア **cà chua** トマト	カー　　ロッ **cà rốt**※ にんじん

ライム	スイカ	きゅうり
チャイン **chanh** ライム	ズア　　ハウ **dưa hấu** スイカ	ズア　　チュオッ **dưa chuột** きゅうり

※フランス語の**carotte**が由来のベトナム語です。

これはいくらですか？

カーイ　　　ナイー　　　バーオ　　　ニエウ　　　ティエン
Cái này bao nhiêu tiền ?
　　　これ　　　　　　どのくらい　　　お金〈銭〉

＊かかるお金など数量のたずね方はP.122で紹介しています。

返答例 5万ドンです。▶ ナム　ムオイ　ンギン　ドン
Năm mươi nghìn đồng.

147

そのパパイヤは新鮮ですか？

クアー　ドゥ　ドゥ　ドー　コー　トゥオイ　コン

Quả đu đủ đó có tươi không?

類別詞　　パパイヤ　　その　　ある　　新鮮な　　ない

どれがおいしいですか？

カーイ　ナーオ　ンゴーン

Cái nào ngon?

どれ　　おいしい

返答例　どれもおいしいよ。▶ Cái nào cũng ngon.
カーイ　ナーオ　クンッ　ンゴーン

1ついくらですか？

バーオ　ニエウ　ティエン　モッ　カーイ

Bao nhiêu tiền một cái?

どのくらい　　お金〈銭〉　　1　　個

返答例　1つ1万ドンです。▶ Mười nghìn đồng một cái.
ムオイ　ンギン　ドン　モッ　カーイ

3つください。

チョー　トイ　バー　カーイ

Cho tôi ba cái.

あげる・私（ください）　　3　　個

＊数字の言い方はP.132で紹介しています。

少しまけてくれませんか？

チ　コー　テェ　ボッ　モッ　チュッ　ドゥオッ　コン

Chị có thể bớt một chút được không?

あなた　　ありえる　　減らす　　少し　　できる　　ない

＊直訳すると「あなたは少し減らしてくれませんか？」となります。

返答例　できません。▶ Không được.
コン　ドゥオッ

148

マンゴーはいくらですか？

ソアイ　バーオ　ニエウ　ティエン
Xoài bao nhiêu tiền?
マンゴー　　どのくらい　　　お金〈銭〉

1kg 3万ドンだよ。

バー　ムオイ　ンギン　ドン　モッ　キー ※
Ba mươi nghìn đồng một kí.
3　　10　　1000　　ドン　　1　　キロ

少しまけてくれませんか？

アイン　コー　テエ　ボッ　モッ　チュッ　ドゥオッ　コン
Anh có thể bớt một chút được không?
あなた　ありえる　減らす　　少し　　　できる　　　ない

じゃあ、2kgで5万ドン。

テー　ティ　ナム　ムオイ　ンギン　ドン　ハーイ　キー
Thế thì năm mươi nghìn đồng hai kí.
じゃあ　5　　10　　1000　　ドン　2　キロ

ありがとうございます。2kgください。

カーム　オン　アイン　チョー　トイ　ハーイ　キー
Cảm ơn anh. Cho tôi hai kí.
感謝する〈感恩〉　あなた　あげる・私（ください）　2　キロ

どうぞ。

モーイ　エーム
Mời em.
どうぞ

✎ 語句・表現

● **Thế thì** じゃあ、それなら　● **mời** ＋人称代名詞　どうぞ

※ kg の表現には **cân**（カン）〈斤〉のほか、**kí**（キー）〔フランス語 kilo に由来〕もあります。南部ではとくに **kí** がよく使われます。

第**4**章　買い物をする

149

服などを選ぶ

もう開店していますか？

クーア　　　　ハーン　　　ダアッ　　モー　　クーア　　　チュア
Cửa hàng đã mở cửa chưa?
　　　　　店　　　　　過去　　開く　　ドア　　まだ〜ない

＊店によって開店時刻は異なります。お店の人が準備をしている様子だったら、ひと言聞いて
みましょう。

単語を入れ替えて使おう

人気の ［　　　　　　　］ はどれですか？
　　　　　　服飾品

ナーオ　ドゥオッ　　ウア　　ティッ
［　　　　　　　］ **nào được ưa thích?**
　　　　　　　　　どの　　される　　愛好する

Tシャツ	シャツ	ブラウス
アオ　　トゥン **áo thun** 上の服　伸びる	アオ　ソー　ミー **áo sơ mi**※ 上の服　シャツ	アオ　　カイン **áo cánh** 上の服　腕・翼

アオザイ	くつ	サンダル
アオ　ザーイ **áo dài** 上の服　長い	ザイー **giầy** くつ	ゼッ **dép** サンダル

バッグ（手提げタイプ）	ネクタイ	指輪
トゥイ　サイッ **túi xách** 袋　提げる	カー　ヴァッ **ca vát** ネクタイ	ニャン **nhẫn** 指輪

ピアス、イヤリング	ネックレス
ボン　ターイ **bông tai** 花　耳	ザイー　チュエン **dây chuyền** ひも　移す・回す

※男性用、女性用ともに指すことができる、襟付きのシャツです。

わあ、すてきなアオザイですね！

オー　カーイ　アオ　ザーイ　ナーイ　　デッ　　クアー

Ồ, cái áo dài này đẹp quá !

わあ　類別詞　上の服・長い（アオザイ）　この　きれい　感嘆

返答例 とても売れています。▶ Bán chạy lắm.
（バン　チャイー　ラム）

試着できますか？

トイ　コー　テエ　マッ　トゥ　ドゥオッ　コン

Tôi có thể mặc thử được không?

私　　ありえる　　着る　試す　できる　　ない

返答例 もちろんです。こちらへどうぞ。▶ Tất nhiên rồi. Mời bạn đến đây.
（タッ　ニエン　ゾーイ　モーイ　バン　デン　ダーイ）

単語を入れ替えて使おう

私には ◻️ みたいです。
（感想）

ヒン　ニュー　　　　　　　　　　　　ドイ　ヴォイ　トイ

Hình như ◻️ đối với tôi.

〜のようだ　　　　　　　　〜にとって　私

大きい	小さい	ちょうどいい
ロン **lớn** 大きい	ニョー **nhỏ** 小さい	ヴァ **vừa** サイズが合う
ゆるい	きつい	地味な
ゾン **rộng** ゆるい	チャッ **chật** きつい	ザーン　ジ **giản dị** 地味な〈簡易〉
長い	短い	派手な
ザーイ **dài** 長い	ンガン **ngắn** 短い	ロエー　ロエッ **lòe loẹt** 派手な

151

単語を入れ替えて使おう

ほかの ▢種類▢ はありますか？

コー   カッ   コン
Có ▢_____▢ **khác không?**
ある   ほかの   ない

サイズ	色	柄
コオッ **cỡ** ※ サイズ	マウ **màu** 色	ホア　ヴァン **hoa văn** 柄〈花紋〉

※ cỡ（コー）と同様に英語の size もよく使われますが、「サイ」と読むのがポイントです。

同じサイズで黄色はありますか？

コー　　マウ　　ヴァーン　　　クン　　コオッ　　コン
Có màu vàng cùng cỡ không?
ある　　色　　黄の　　　同じ　　サイズ　　ない

＊色の表現は P.155 で紹介しています。

これより小さいサイズはありますか？

コー　コオッ　ニョー　ホン　カーイ　ナイー　　コン
Có cỡ nhỏ hơn cái này không?
ある　サイズ　小さい　より　　これ　　　ない

返答例 それが一番小さいです。▶ カーイ ドー ラー コオッ ニョー ニャッ
Cái đó là cỡ nhỏ nhất.

これにします。

トイ　　チョン　　カーイ　　ナイー
Tôi chọn cái này.
私　　選ぶ　　　これ

《言い換え例》これをください。▶ チョー トイ カーイ ナイー
Cho tôi cái này.

152

何かお探しですか？

チ　ティム　カーイ　ジー
Chị tìm cái gì?
あなた　探す　　　何

黄色いアオザイがほしいです。

トイ　ムオン　ムア　アオ　ザーイ　マウ　ヴァーン
Tôi muốn mua áo dài màu vàng.
私　したい　買う　上の服・長い (アオザイ)　色　黄の

こちらはいかがですか？

チ　タイー　カーイ　ナイー　テー　ナーオ
Chị thấy cái này thế nào?
あなた　感じる　　これ　　どのように

きれいですね。試着できますか？

デッ　ニー　トイ　コー　テエ　マッ　トゥ　ドゥオッ　コン
Đẹp nhỉ. Tôi có thể mặc thử được không?
きれい　～ね　私　ありえる　着る　試す　できる　ない

少しきついです。ほかのサイズはありますか？

カーイ　ナイー　ホイ　チャッ　コー　コオッ　カッ　コン
Cái này hơi chật. Có cỡ khác không?
これ　　少し　きつい　ある　サイズ　ほかの　ない

はい。こちら、もっと大きいサイズです。

ヴァン　カーイ　ナイー　ラー　コオッ　ロン　ホーン
Vâng. Cái này là cỡ lớn hơn.
はい　　これ　　である　サイズ　大きい　より

✎ 語句・表現

● **tìm** 探す ● 動詞+**thử** ～してみる ● **khác** ほかの ● **hơn** より、もっと

153

自然

山	ヌーイ **núi**	川	ソン **sông**	海	ビエン **biển**
森	ズン **rừng**	太陽	マッ チョーイ **mặt trời** 顔　空	空	チョーイ **trời**
風	ゾー **gió**	花	ホア **hoa**	木	カイー **cây**

季節

季節を表すときは、mùa（ムア）「季節」という単語をそれぞれの単語の前につけるのが一般的です。春夏秋冬のmùaは省略しても意味は通じるのでここでは入れずに紹介しています。

春	スアン **xuân**	夏	ヘー **hè**	秋	トゥー **thu**
冬	ドン **đông**	雨季	ムア　ムア **mùa mưa** 季節　雨が降る	乾季	ムア　コー **mùa khô** 季節　渇いている

方向

右	ファーイ **phải**	左	チャーイ **trái**	前	チュオッ **trước**
後ろ	サウ **sau**	まっすぐ	ターン **thẳng**	向かい	ドイ　ジエン **đối diện** 〈対面〉

154

色の表現

色を表す形容詞の前にmàu（マーウ）「色」を置くと、「〜色」と表現できます。例えば形容詞đỏ（ドー）「赤い」の場合、màu đỏ で「赤色」となります。

赤い	ドー **đỏ**	白い	チャン **trắng**	黒い	デーン **đen**
ピンクの	ホン **hồng** 紅い〈紅〉	紫の	ティム **tím**	グレーの	サーム **xám**
オレンジの	カーム **cam** オレンジ〈柑〉	黄の・金の	ヴァーン **vàng**	銀の	バッ **bạc**
緑の	サイン ラー カイー **xanh lá cây** 青い 葉 木	茶の	ナウ **nâu**		
青い※	サイン ズオン サイン ザー チョーイ **xanh dương / xanh da trời** 青い 海〈洋〉 青い 肌 空				

※「青い」には2つ言い方があります。どちらも同じくらいよく使われます。

お店の名前

コンビニ	クーア ハーン ティエン ロイ **cửa hàng tiện lợi** 商店 便利な〈便利〉	カフェ	クアン カー フェ **quán cà phê** 店〈館〉 コーヒー
レストラン	ニャー ハーン **nhà hàng**	食堂	クアン アン **quán ăn** 店〈館〉 食べる
居酒屋	クアン ニャウ **quán nhậu** 店〈館〉 酒を飲む	市場	チョ **chợ**
薬局	ヒエウ トゥオッ **hiệu thuốc**[北] 売店 薬		ニャー トゥオッ **nhà thuốc**[南] 家 薬

155

食事の予約をする

おなかが空きました。

トイ　　　ドーイ　　　ブン　　ゾーイ
Tôi đói bụng rồi.
私　　　空腹な　　おなか　すでに

返答例 何か食べましょう。▶ Chúng ta ăn cái gì đó nhé.
チュン　ター　アン カーイ ジー ドー　ニエ

＊ đói（ドーイ）「空腹な」の反対は no（ノー）「満腹な」と言います。

コーヒーを飲みに行くのはどうですか？

チ　　コー　　　ムオン　　ディ　　ウオン　　　カー　　フェ　　　コン
Chị có muốn đi uống cà phê không?
あなた　ある　　　したい　　行く　　飲む　　　コーヒー　　　　　ない

返答例 はい、行きたいです。▶ Có, tôi muốn đi.
コー　トイ　ムオン　ディー

＊直訳は「あなたはコーヒーを飲みに行きたいですか？」です。ベトナム語は、相手の希望を
　尊重する形で「～するのはどうですか？」と聞きます。

この近くにおいしいレストランはありますか？

オー　　ガン　　ダイー　　コー　　ニャー　　　ハーン　　ンゴーン　　　コン
Ở gần đây có nhà hàng ngon không?
～に　近く　　ここ　　ある　　レストラン　　おいしい　　　　ない

返答例 リートゥチョン通り沿いにあります。▶ Có ở dọc đường Lý Tự Trọng.
コー　オー　ゾッ　ドゥオン　リー　トゥ　チョン

おいしい食堂を紹介してください。

ニョー　　チ　　ゾーイ　　ティエウ　　クアン　　アン　　ンゴーン
Nhờ chị giới thiệu quán ăn ngon.
頼む　　あなた　紹介する〈介紹〉　　食堂　　おいしい

＊ quán ăn（クアン アン）「食堂」は nhà hàng（ニャー ハーン）「レストラン」に比べて、小
　規模で値段も手ごろです。

フォーが有名なお店はありますか？

コー　クアン　ナーオ　フォー　ノーイ　ティエン　コン
Có quán nào phở nổi tiếng không?
ある　店〈館〉　どの　フォー　　有名な　　　ない

返答例 あそこのフォーはとてもおいしいです。▶ Phở của quán kia rất ngon.
（フォー　クーア　クアン　キーア　ザッ　ンゴーン）

....

一緒に食事に行きませんか。

チュン　ター　クン　ディ　アン　コム　ニエ
Chúng ta cùng đi ăn cơm nhé.
　　私たち　　一緒に　行く　食べる　ご飯　〜ね

返答例 いいですね！▶ Thích quá!
（ティッ　クアー）

....

2人で予約をお願いします。

ラーム　オン　ダッ　ハーイ　チョオッ　チョー　トイ
Làm ơn đặt hai chỗ cho tôi.
していただけますか　予約する　2　席　〜に　私

返答例 はい。何日の何時ですか？▶ Vâng. Ngày nào và mấy giờ ạ?
（ヴァン　ンガイー　ナーオ　ヴァ　マイー　ゾー　ア）

....

窓側の席がいいです。

トイ　ムオン　ンゴイ　チョオッ　ベン　クーア　ソー
Tôi muốn ngồi chỗ bên cửa sổ.
　私　　したい　座る　席　側　窓

＊「静かな席はありますか？」と言いたいときはCó chỗ yên tĩnh không?（コー チョオッ イエン ティンッ コン）となります。

....

禁煙席はありますか？

コー　チョオッ　カム　フッ　トゥオッ　ラー　コン
Có chỗ cấm hút thuốc lá không?
ある　席　禁じる〈禁〉　吸う　薬・葉（タバコ）　ない

返答例 どうぞ、あちらです。▶ Xin mời chị, ở đẳng kia ạ.
（シン　モーイ　チ　オー　ダン　キーア　ア）

食事を注文する

メニューを見せてください。

Cho tôi xem thực đơn.
チョー　　トイ　　セーム　　トゥッ　　ドーン

あげる・私（ください）　　見る　　メニュー〈食単〉

＊「メニュー」は英語のmenuでも通じます。

辛いのは苦手です。

Tôi không thích ăn cay.
トイ　　　　コン　　　　ティッ　　アン　　カイー

私　　　　ない　　　　好む　　食べる　辛い

＊味の表現はP.169で紹介しています。

パクチーをたっぷり入れてほしいです。

Nhờ chị cho nhiều rau mùi vào.
ニョー　　チ　　チョー　　ニエウ　　　ザウ　　ムーイ　　ヴァオ

頼む　　あなた　　入れる　　たくさんの　　野菜・におい（パクチー）　　〜に

＊少なめがいいときはnhiều（ニエウ）「たくさんの」をmột ít（モッ イッ）「少しの」に変えましょう。

これはどんな料理ですか？

Món này là món gì？
モン　　ナイー　　ラー　　モン　　ジー

料理　　　この　　である　　料理　　何

＊味つけについて聞くには、例えば「この料理は辛いですか？」Món này có cay không?（モン ナイー コー カイー コン）と聞きます。

□ を注文したいです。（→ P.96）
料理

トイ　　　　ムオン　　　　ゴイ
Tôi muốn gọi ⬅
私　　　　したい　　　　注文する

前菜
カーイ　ヴィ
khai vị
前菜〈開胃〉

サラダ
ゴーイ
gỏi
サラダ

（具だくさんの）スープ
カイン
canh
スープ

ご飯
コム
cơm
ご飯

パン
バイン　ミー
bánh mì
パン

肉料理
モン　　ティッ
món thịt
料理　　肉

魚料理
モン　　カー
món cá
料理　　魚

野菜料理
モン　　ザウ
món rau
料理　　野菜

鍋料理
モン　　ラーウ
món lẩu
料理　　鍋

海鮮料理
モン　　ハーイ　サーン
món hải sản
料理　　シーフード〈海産〉

デザート
チャン　　ミエン
tráng miệng
デザート

第4章　食事を注文する

飲み物を先にください。
ニョー　　　アイン　　ドゥア　　トゥッ　　ウオン　　ザー　　チュオッ
Nhờ anh đưa thức uống ra trước.
頼む　　あなた　持って来る　　飲み物　　〜へ　　先に

＊飲み物の言い方はP.168で紹介しています。

159

単語を入れ替えて使おう

もう1つ ［　　食器など　　］ をいただけますか。(→ P.88)

チョー　トイ　モッ　　　　　　　　　　　ヌアッ
Cho tôi một ［　　　↑　　　］ nữa.
あげる・私（ください）　1　　　　　　　　　さらに

箸（〜膳）	びん（〜本）	茶わん（〜杯）
ドイ　　ドゥアッ **đôi đũa** 対　　箸	チャーイ **chai** びん	チェン **chén** 茶わん

グラス（〜杯）		缶（〜缶）
コッ **cốc**[北] グラス	リー **ly**[南] グラス	ローン **lon** 缶

どんぶり（〜杯）		皿（〜皿）	
バッ **bát**[北] どんぶり	トー **tô**[南] どんぶり	ディアッ **đĩa**[北] 皿	ズィアッ **dĩa**[南] 皿

＊これらは食器など（「缶」はビールやソフトドリンクなどの缶を指します）の名前であり、類別詞の物を数える単位（助数詞）としての役割も果たします。

- -

どうぞ召し上がれ。

モーイ　　チ　　　アン
Mời chị ăn.
どうぞ　あなた　食べる

- -

少しいかがですか？

エーム　コー　アン　トゥ　　モッ　　チュッ　　　コン
Em có ăn thử một chút không?
あなた　ある　食べる　試す　　　少し　　　　　ない

＊直訳すると「あなたは少し食べてみますか？」となります。

ご予約されていますか？

アイン	チ	コー	ダッ	チュオッ	コン	ア

Anh chị có đặt trước không ạ?

| あなたたち | | ある | 予約する | 前に | | ない | 敬意 |

はい、田中です。2人です。

ヴァン	トイ	ラー	タナカ	ハーイ	ングオイ

Vâng, tôi là Tanaka. Hai người.

| はい | 私 | である | 田中 | 2 | 人 |

（席を案内後）何を召し上がりますか？

アイン	チ	ズン	ジー	ア

Anh chị dùng gì ạ ?

| あなたたち | | 召し上がる | 何 | 敬意 |

まずはパパイヤサラダを1皿お願いします。

チュオッ	ヘッ	チョー	トイ	モッ	ディア	ゴーイ	ドゥ	ドゥ

Trước hết cho tôi một đĩa gỏi đu đủ.

| | まず | あげる・私 | (ください) | 1 | 皿 | サラダ | パパイヤ |

かしこまりました。ほかにはいかがですか？

ヴァン	ア	コン	ジー	ヌアッ	コン	ア

Vâng ạ. Còn gì nữa không ạ?

| はい | 敬意 | あと | 何か | さらに | | ない | 敬意 |

ええと。あとで追加注文します。

デー	トイ	セーム	トイ	セー	ゴイ	テム	サウ

Để tôi xem. Tôi sẽ gọi thêm sau.

| ～させる | 私 | 見る | 私 | 未来 | 注文する | 加える | あとで |

✎ 語句・表現

- đặt　予約する　● dùng　召し上がる　● Trước hết　まず　● gọi　注文する
- thêm　加える

第**4**章　食事を注文する

食事をする

わあ、おいしい！

オー　　ンゴーン　　クアー
Ồ, ngon quá!

わあ　　　おいしい　　とても

＊Ồ（オー）は英語で言うところの Wow にあたります。

気持ちのこもった表現だね

単語を入れ替えて使おう

この ［　　　　　　］ はとてもおいしいです。(→ P.72)
　　　料理名

ナイー　　ンゴーン　　クアー
［　　　　　　］ **này ngon quá.**

　　　　　　　　　この　　おいしい　　感嘆

生春巻き

ゴーイ　　クオン
gỏi cuốn

サラダ　　巻く

揚げ春巻き

ネーム　　ザン
nem rán

肉をミンチしたもの　揚げる

バインセオ（ベトナム風お好み焼き）

バイン　　セオ
bánh xèo

粉ものの総称　擬音語（焼ける音）※

パパイヤサラダ

ゴーイ　　ドゥ　ドゥ
gỏi đu đủ

サラダ　　パパイヤ

牛肉のフォー / 鶏肉のフォー

フォー　ボー　　フォー　ガー
phở bò / phở gà

フォー　牛　　フォー　鶏

ブンチャー（肉入りつけ麺）

ブン　　チャー
bún chả

米麺　　練りもの

エビのココナッツ蒸し

トム　　ハッ　　ズア
tôm hấp dừa

えび　　蒸す　ココナッツ

空芯菜のにんにく炒め

ザウ　　　ムオン　　サーオ　トーイ
rau muống xào tỏi

　　　空芯菜　　　炒める　にんにく

※フライパンでバインセオの皮が焼ける音は、日本語では「ジュージュー」などと表しますが、ベトナム語では xèo xèo（セオ セオ）と言います。

もう少し薄味のほうが好みです。

トイ　　　　ティッ　　　ヴィ　　ニャッ　　　ホーン
Tôi thích vị nhạt hơn.
私　　　　好む　　　味　　薄い　　　より

＊ Chị thấy vị món này thế nào?（チ タイー ヴィ モン ナーイ テー ナーオ）「お味はどうです
か？」などと聞かれたときに。

....

私の好きな味です。

トイ　　　　ティッ　　　　　フォン　　　　ヴィ　　ナイー
Tôi thích hương vị này.
私　　　　好む　　　　　味〈香味〉　　　　この

《言い換え例》この料理を気に入りました。▶ Tôi thích món này mất rồi.
　　　　　　　　　　　　　　　　　　　　　　トイ　ティッ　モン　ナイー　マッ　ゾーイ

....

単語を入れ替えて使おう

ここの 〔　　　料理法　　　〕料理は最高ですね。（→ P.62）

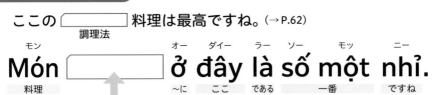

モン　　　　　　　　　　　　　　　　オー　　ダイー　　ラー　　ソー　　　モッ　　　　ニー
Món 〔　　　　〕 ở đây là số một nhỉ.
料理　　　　　　　　　　　　　　　　～に　　ここ　　である　　　　　一番　　　　ですね

焼く	炒める	茹でる
ヌオン	サオ	ルオッ
nướng	**xào**	**luộc**
焼く	炒める	茹でる

揚げる	蒸す	煮る
ザン	ハッ	ハム　　　　コー
rán	**hấp**	**hầm / kho**
揚げる	蒸す	煮る※

※ hầm（ハム）は「長時間じっくりと煮込む」、kho（コー）は「塩や魚醤などの調味料を加えて煮る」という違い
　があります。
※ món（モン）「料理」＋調理法で「焼きもの」「炒めもの」などを表します。
※「炒める」「揚げる」のどちらの意味にもなる chiên（チエン）という単語もあり、南部でよく使われます。

それは何と言う料理ですか？

Món này tên là gì ?
モン　　　　ナイー　　テン　ラー　ジー
料理　　　この　　　名前　である　何

返答例 これは南部名物のバインセオです。▶ Món này là bánh xèo, đặc sản miền Nam.
モン　ナイー　ラー　バイン　セオ　ダッ　サーン　ミエン　ナーム

- -

これと同じものをお願いします。

Cho tôi thêm một cái này nữa.
チョー　　トイ　　テム　　モッ　　カーイ　ナイー　　ヌアッ
させる　　私　　加える　　1　　　これ　　　さらに

＊「ご飯のおかわりをください。」と言いたいときは Cho tôi thêm một chén cơm nữa.（チョー
トイ テム モッ チェン コム ヌアッ）となります。

- -

牛肉のフォーはまだですか？

Chưa có phở bò à?
チュア　　　コー　　フォー　　ボー　アー
まだ～ない　ある　　フォー　牛肉　確認

返答例 すぐにお持ちします。▶ Tôi sẽ đưa ngay ạ.
トイ　セー　ドゥア　ンガイー　ア

- -

ビールは頼んでいません。

Tôi không gọi bia.
トイ　　　　コン　　　ゴイ　ピア
私　　　　　ない　　注文する　ビール

返答例 失礼いたしました。▶ Xin lỗi anh ạ.
シン　ロイッ　アイン　ア

- -

おなかがいっぱいです。

Tôi no rồi.
トイ　　ノー　　ゾーイ
私　　満腹な　すでに

＊ベトナム語には日本語の「ごちそうさま」にあたる表現がありません。感謝の気持ちを伝え
たいときは、Cảm ơn（カーム オン）＋人称代名詞（→P.48）を使いましょう。

ここのブンチャーは最高ですよ。

ブン　チャー　オー　ダイー　ラー　ソー　モッ　ダイー
Bún chả ở đây là số một đấy.
ブンチャー　で　ここ　である　一番　ですよ

いいですね！ それを頼みましょう。

ティッ　クアー　　チュン　ター　ゴイ　モン　ドー　ニエ
Thích quá!　Chúng ta gọi món đó nhé.
好き　とても　　私たち　注文する　料理　その　〜ね

（注文後）辛いのは好きですか？

エーム　コー　ティッ　アン　カイー　　コン
Em có thích ăn cay không?
あなた　ある　好む　食べる　辛い　　ない

あまり好きじゃありません。

トイ　コン　ティッ　ラム
Tôi không thích lắm.
私　ない　好む　あまり

じゃ、唐辛子を入れるのはやめましょう。

テー　ティ　トイ　コン　チョー　オッ　ヴァオ　ニエ
Thế thì tôi không cho ớt vào nhé.
じゃあ　私　ない　入れる　唐辛子　〜に　〜ね

来ました。どうぞ、食べましょう。

デン　ゾーイ　モーイ　アイン　アン
Đến rồi.　Mời anh ăn.
来る　すでに　どうぞ　あなた　食べる

✎ 語句・表現

・**số một**　一番、最高、これ以上にない　・**đấy**　〜ですよ
・**cho 〜 vào**　〜を入れる　・**ớt**　唐辛子　・**đến rồi**　来ました

165

会計をする

お会計！

ティン　ティエン
Tính tiền!

計算する　お金〈銭〉

＊文頭に Làm ơn（ラーム オン）をつけない、気軽な表現です。どのお店でもよく使われます。

クレジットカードは使えますか？

トイ　　コー　　テエ　チャー　　バン　　テー　ティン　　ズン　　ドゥオッ　　コン
Tôi có thể trả bằng thẻ tín dụng được không?

私　　ありえる　払う　　で　　カード　信用〈信用〉　　できる　　ない

返答例 ここではカードは使えません。▶ オー　ダイー　コン　スー　ズン　ドゥオッ　テエ
Ở đây không sử dụng được thẻ.

現金で払います。

トイ　　チャー　　バン　　ティエン　　マッ
Tôi trả bằng tiền mặt.

私　　払う　　で　　現金

＊外国人観光客に対応している店ではクレジットカードが利用できますが、地元の人がよく行く
　食堂や屋台では、まだまだカードを利用できない店が多いです。現金を用意しておきましょう。

別々に払えますか？

チュン　　トイ　コー　テエ　チャー　　ジエン　　ドゥオッ　　コン
Chúng tôi có thể trả riêng được không?

私たち　　ありえる　払う　個別に　できる　ない

＊店の人にではなく、同伴者に「割り勘にしましょう」と言う場合には、Chúng ta trả riêng
　nhé.（チュン ター チャー ジエン ニエ）と言いましょう。

すみません、お会計！

エーム　オーイ　　ティン　　ティエン
Em ơi, tính tiền!
あなた　　あの　　計算する　　お金〈銭〉

はい。合計で40万ドンです。

ヴァン　　　　トン　　　コン　　ラー　ボン　　チャム　　ンギン　　　ドン
Vâng. Tổng cộng là bốn trăm nghìn đồng.
はい　　　　合計〈総共〉　　である　4　　100　　1000　　ドン〈銅〉

クレジットカードは使えますか？

トイ　コー　テエ　チャー　　バン　　テエ　ティン　ズン　　ドゥオット　　コン
Tôi có thể trả bằng thẻ tín dụng được không?
私　　ありえる　払う　　で　　カード　信用〈信用〉　　できる　　ない

ここではカードは使えません。

オー　ダイー　アイン　　コン　　　テエ　スー　ズン　　ドゥオット　　テエ
Ở đây anh không thể sử dụng được thẻ.
〜で　ここ　あなた　　ありえない　　使う〈使用〉　できる　カード

じゃあ、現金で払います。

テー　　ティ　トイ　チャー　　バン　　ティエン　マッ
Thế thì tôi trả bằng tiền mặt.
じゃあ　　私　払う　　〜で　　　現金

領収書をください。

チョー　　トイ　ホアー　ドン
Cho tôi hóa đơn.
あげる・私〈ください〉　　領収書〈貨単〉

✏️ 語句・表現

- tổng cộng là〜　合計で〜　● thẻ tín dụng　クレジットカード
- trả bằng〜　〜で払う ● sử dụng　使う ● tiền mặt　現金 ● hóa đơn　領収書

167

4_21
S4_21

飲み物

ミネラル ウォーター	ヌオッ スオイ nước suối 水 泉	ジュース （総称）	ヌオッ ンゴッ nước ngọt 水 甘い
オレンジ ジュース	ヌオッ エッ カーム nước ép cam 水 搾る オレンジ	ココナッツ ジュース	ヌオッ ズーア nước dừa 水 ココナッツ
ブラック コーヒー	カー フェ デーン cà phê đen コーヒー 黒い	ミルク コーヒー	カー フェ スアッ cà phê sữa コーヒー ミルク
酒 （総称）	ズィウ rượu	ビール	ビア bia
ワイン	ズィウ ヴァーン rượu vang 酒 ワイン	333※ ビール	ビア バー バー バー bia ba ba ba ビール 3 3 3
スムージー	シン トー sinh tố	マンゴー スムージー	シン トー ソアイ sinh tố xoài スムージー マンゴー
お茶 （総称）	チャー trà 〈茶〉	蓮茶	チャー セーン trà sen 〈茶〉 蓮
ジャスミン※ 茶	チャー ニャーイ チャー ラーイ trà nhài / trà lài 〈茶〉ジャスミン 〈茶〉ジャスミン		

※ 333ビールはベトナムで国内シェアNo.1の国民的ビールです。

※ 「ジャスミン茶」には2つ言い方があります。どちらも同じくらいよく使われます。

調味料

塩	ムオイ muối ↗	胡椒	ティエウ tiêu → 〈椒〉	砂糖	ドゥオン đường ↘ 砂糖〈糖〉
醤油	ヌオッ トゥオン nước ↗ tương → 水 もろみ〈醤〉	チリ ソース	トゥオン オッ tương → ớt ↗ もろみ〈醤〉 唐辛子	唐辛子	オッ ớt ↗
魚醤	ヌオッ マム nước ↗ mắm ↗ 水 発酵させたもの	シュリンプ ペースト	マム トム mắm → tôm → 発酵させたもの エビ	ライム	チャイン chanh →

味の表現

からい	カイー cay →	おいしい	ンゴーン ngon →	まずい	ゾー dở ⌣
甘い	ンゴッ ngọt ↓	すっぱい	チュア chua →	しょっ ぱい (塩辛い)	マン mặn ↓
苦い	ダン đắng ↗	香りが いい	トーム thơm →	臭い	ホイ hôi →

🪷 **主なコーヒーの種類と注文するときのポイント**

・**ブラックコーヒー　cà phê đen**（カー フェ デーン）
　最後にđá（ダー）「アイス」または　nóng（ノーン）「ホット」をつけて注文します。ブラックとはいえ、ベトナムでは砂糖が入っていることもよくあるため、無糖がいい場合はkhông đường（コン ドゥオン）「砂糖なし」と伝えましょう。

・**ミルクコーヒー　cà phê sữa**（カー フェ スアッ）
　ベトナムでは、ミルクは練乳のことを指します。北部ではsữa（スアッ）の代わりにnâu（ナウ）「茶色い」という語を使って表現することも。ブラックコーヒーと同様に、đá（ダー）「アイス」または nóng（ノーン）「ホット」を最後に添えましょう。

・**エッグコーヒー　cà phê trứng**（カー フェ チュン）
　ハノイで生まれた人気のエッグコーヒーは、コーヒーに泡立てたtrứng（チュン）「卵」と練乳を加えたものです。「アイス」と「ホット」があります。

ベトナムの乗り物事情

　ベトナムの乗り物と言えばバイクが思い浮かぶでしょう。自動車の数も増えていますが、まだまだバイクが人々の足。近所への買い物にも、数時間かかる遠出にも使われます。

　公共交通機関にはバスがあります。ハノイやホーチミンなどの大都市には多くの路線があり、東京や大阪の地下鉄のよう。市内だったら数千ドン（数十円）で移動でき、学生や高齢者の利用が多いです。時刻表がなく、行き先もすべてベトナム語表記ですが、目的地に辿り着けたときの感動はひとしおです。列車はホーチミン市からハノイまで、ハノイから中国国境地域までをつなぐ長距離列車があり、南北に長いベトナムを縦断できます。

バス

シクロ

　外国人が利用しやすいのは、なんと言ってもタクシーです。街を走るタクシーは簡単に呼び止めることができ、料金はメーターで計算され会計もスムーズです。最近ではマレーシア発祥の配車・宅配サービスGrab（グラブ）も大人気。専用のアプリに現在地と行き先を入力するだけでタクシーやバイクタクシーを簡単に呼べ、運賃はアプリ上で精算できます。シクロは現在ほとんど使われませんが、外国人向けのサービスを利用すれば、シクロに乗ってゆったりと観光できます。

応用編

第 5 章

日本でベトナム語を
使ってみよう

近年、来日し、日本で生活するベトナム人が増えています。

ベトナム人、ベトナムの文化への理解を深めるために

ぜひベトナム語でコミュニケーションをとってみましょう。

ゆっくりでも正確な発音を心がけ、

気持ちをこめて話すことが大切です。

※この章では、声調の矢印はつけていません。

初対面で声をかける

困っている様子や何かしたい様子のベトナム人を見かけたら、勇気を出して笑顔で話しかけてみましょう。初対面のベトナム人を想定し、人称代名詞「あなた」は、Bạn（バン）を使っています。

お手伝いしましょうか？

バン	コー	カン	トイ	ズッ	コン
Bạn	**có**	**cần**	**tôi**	**giúp**	**không?**
あなた	ある	必要がある	私	手伝う	ない

＊直訳すると、「あなたは私が手伝う必要がありますか？」となります。

あなたは日本語を話せますか？

バン	コー	テエ	ノーイ	ドゥオッ	ティエン	ニャッ	コン
Bạn	**có**	**thể**	**nói**	**được**	**tiếng**	**Nhật**	**không?**
あなた	ありえる	話す		できる	語	日本〈日〉	ない

返答例 はい、少しなら。▶ Có, một chút thôi.

私はベトナム語が少し話せます。

トイ	コー	テエ	ノーイ	ドゥオッ	モッ	チュッ	ティエン	ヴィエッ
Tôi	**có**	**thể**	**nói**	**được**	**một**	**chút**	**tiếng**	**Việt.**
私	ありえる	話す		できる		少し	語	ベトナム〈越〉

（地図などを見ながら）あなたはここにいます。

バン	ダーン	オー	ダイー
Bạn	**đang**	**ở**	**đây .**
あなた	現在進行	いる	ここ

指さしながら言っても！

あなたはどこに行きたいですか？

Bạn muốn đi đâu?

バン　　ムオン　　ディ　　ダウ

あなた　　　　したい　　行く　　どこ

返答例 新宿に行きたいです。 ▶ Tôi muốn đi Shinjuku.
トイ　ムオン　ディ　新宿

もう一度言ってください。

Làm ơn nói lại một lần nữa.

ラーム　　オン　　ノーイ　　ライ　　モッ　　ラン　　ヌアッ

していただけますか　言う　再び　1　回　さらに

《言い換え例》 もう少しゆっくり話してもらえますか？ ▶ Làm ơn nói chậm hơn.
ラーム　オン　ノイ　チャム　ホーン

写真を撮りましょうか。

Tôi chụp ảnh cho bạn nhé.

トイ　　チュッ　　アイン　　チョー　　バン　　ニエ

私　撮る　写真〈影〉　〜に　あなた　〜ね

＊「はい、チーズ」と言いたいときは Một, hai, ba.「1、2、3」（モッ ハイ バー）と言いましょう。

あなたはいつ日本に来ましたか？

Bạn đến Nhật Bản khi nào?

バン　　デン　　ニャッ　　バーン　　キー　　ナーオ

あなた　来る　日本〈日本〉　いつ

返答例 3月上旬です。 ▶ Đầu tháng ba.
ダウ　ターン　バー

ここは禁煙です。

Bạn không được hút thuốc lá ở đây.

バン　　コン　　ドゥオッ　　フッ　　トゥオッ　　ラー　オー　ダイー

あなた　してはならない　吸う　薬・葉（タバコ）　〜で　ここ

＊「ここならタバコが吸えますよ。」Bạn có thể hút thuốc lá ở đây được.（バン コー テエ フッ トゥオッ ラー オー ダイー ドゥオッ）とつけ加えてもいいでしょう。

> ## Advice
> ### ベトナムの禁煙・分煙化はこれから
>
> 　ベトナムは日本に比べるととくに男性の喫煙率が高い国。歩きタバコや運転しながらの喫煙もめずらしくありません。近年、健康への影響が周知され、各所で禁煙化や分煙化も進んできていますが、それでもベトナム人喫煙者にとって日本の喫煙マナーはときに厳しく感じられるようです。ルールを知らず、うっかり喫煙してしまうこともあるでしょう。そんな様子を見かけたら、やさしく声をかけてあげてください。

第5章 初対面で声をかける

🪷家族や故郷を大切にしているベトナム人。仕事は定時に終え、夜は家族と過ごすのが当たり前です。職場や学校で知り合ったベトナム人に家族や故郷について聞いてみましょう。きっと喜ばれます。

故郷（出身）はどちらですか？

クエー　　クーア　　エーム　オー　　ダウ

Quê của em ở đâu?

故郷　　　　の　　　あなた　にある　どこ

返答例 ハノイです。 ▶ Quê của tôi ở Hà Nội.

何人家族ですか？

ザー　　　ディン　　クーア　　エーム　コー　　バーオ　　ニエウ　　　ングオイ

Gia đình của em có bao nhiêu người?

家族〈家庭〉　　の　　　あなた　ある　　どのくらい　　　　人

＊人数など数量のたずね方はP.122で紹介しています。

ご家族は元気ですか？

ザー　　　ディン　　クーア　　エーム　コー　　コエー　　　コン

Gia đình của em có khỏe không?

家族〈家庭〉　　の　　　あなた　ある　　元気な　　　ない

返答例 はい、みんな元気です。 ▶ Có, mọi người đều khỏe.

コー　モイ　ングオイ　デウ　コエー

ご両親は何をされていますか？

ボー　　メ　　クーア　　チ　　ラーム　　ンゲー　　ジー

Bố mẹ của chị làm nghề gì?

父　　母　　の　　　あなた　する　　職業　　何

174

日本にご家族はいますか？

オー　ニャッ　バーン　アイン　コー　ザー　ディン　コン
Ở Nhật Bản, anh có gia đình không?
〜に　　日本　　あなた　ある　　家族〈家庭〉　　ない

返答例 はい、妻と息子が1人います。▶ Có, tôi có vợ và một con trai.
コー　トイ　コー　ヴォ　ヴァ　モッ　コン　チャーイ

いつ故郷に帰りますか？

キー　ナーオ　アイン　ヴェ　クエー
Khi nào anh về quê?
いつ　　あなた　帰る　故郷

返答例 次の正月に帰ります。▶ Tôi sẽ về vào dịp Tết sau.
トイ　セー　ヴェ　ヴァーオ　ジッ　テッ　サウ

「いつですか？」の表現はP.116へ

結婚していますか？

アイン　ダアッ　ケッ　ホン　チュア
Anh đã kết hôn chưa?
あなた　過去　結婚する〈結婚〉　まだ〜ない

返答例 まだ結婚していません。▶ Chưa.　結婚しています。▶ Rồi.
チュア　　　　　　　　　　　　　　ゾーイ

故郷に名物はありますか？

オー　クエー　クーア　チ　コー　ダッ　サーン　コン
Ở quê của chị có đặc sản không?
〜に　故郷　〜の　あなた　ある　名物〈特産〉　　ない

返答例 あります。バインセオです。▶ Có, đó là bánh xèo.
コー　ドー　ラー　バイン　セーオ

故郷に名所はありますか？

オー　クエー　クーア　チ　コー　ディア　ディエム　ノーイ　ティエン　コン
Ở quê của chị có địa điểm nổi tiếng không?
〜に　故郷　〜の　あなた　ある　スポット〈地点〉　　有名な　　　ない

返答例 ハロン湾が有名です。▶ Quê của tôi có Vịnh Hạ Long nổi tiếng.
クエー　クーア　トイ　コー　ヴィン　ハー　ロン　ノーイ　ティエン

Advice
家族思いで故郷愛の強いベトナム人

　日本と同じく南北に長いベトナムは、その土地によって気候、伝統文化、料理、人柄、言葉などに違いがあります。ベトナム人は家族や親せきを大切にするように、自分の出身地を誇りに思っています。家族のことを聞いたり、「故郷はどちらですか？」「有名なものはありますか？」などとたずねたりすると、みなさんとてもうれしそうに教えてくれます。コミュニケーションのきっかけに、ぜひお互いの地元を紹介し合いましょう。

175

誘う・断る

🪷 ベトナム人には、日本人特有の"はっきり言わなくても察してほしい"という態度があまり通用しません。むしろ、誤解を生むきっかけとなってしまいます。はっきりとした声かけや返事を心がけましょう。

今週末は空いていますか？

クオイ　トゥアン　ナイー　チ　コー　ザイン　コン
Cuối tuần này chị có rảnh không?

末　週　この　あなた　ある　暇な　ない

返答例 はい、何かありますか？ ▶ Có, tôi rảnh. Có gì không?
コー　トイ　ライン　コー　ジー　コン

一緒に食事をしませんか。

チュン　ター　クン　ディ　アン　コム　ニエ
Chúng ta cùng đi ăn cơm nhé.

私たち　一緒に　行く　食べる　ご飯　しましょう

返答例 いいですね！ ▶ Thích quá!
ティッ　クアー

このあと空いていますか？

バイー　ゾー　アイン　コー　ザイン　コン
Bây giờ anh có rảnh không?

今　あなた　ある　暇な　ない

返答例 ごめんなさい、空いていません。▶ Xin lỗi, tôi không có thời gian.
シン　ロイ　トイ　コン　コー　トーイ　ザーン

いつなら空いていますか？

キー　ナーオ　チ　コー　トーイ　ザーン
Khi nào chị có thời gian?

いつ　あなた　ある　時間

返答例 来週なら。▶ Tuần sau thì có.
トゥアン　サウ　ティ　コー

公園に集まりましょう。

チュン　　　ター　　　タッ　　ホッ　オー　　コン　　　ヴィエン　　ニエ
Chúng ta tập hợp ở công viên nhé.
私たち　　　　　　集まる〈集合〉　～に　　　公園〈公園〉　　しましょう

返答例 公園の時計の下で待っています。▶ トイ　セー　ドイ　オー　ズオイ　ドン　ホー　クーア　コン　ヴィエン
Tôi sẽ đợi ở dưới đồng hồ của công viên.

10時に待ち合わせましょう。

チュン　　　ター　　ヘン　　ガッ　　ルッ　　ムオイ　　ゾー　　ニエ
Chúng ta hẹn gặp lúc mười giờ nhé.
私たち　　　　約束する　会う　～に　　10　　時　しましょう

返答例 はい、いいですよ！▶ ヴァン　ドゥオッ　ディー
Vâng, được đấy!

忙しくて行けません。

ヴィ　　バン　　ネン　　トイ　　　コン　　　テエ　ディ　ドゥオッ
Vì bận nên tôi không thể đi được.
なぜなら　忙しい　なので　私　　　ありえない　　行く　できる

＊「またの機会に！」Dịp sau nhé!（ジッ サウ ニエ）とつけ加えてもいいでしょう。

私はやめておきます。

トイ　　　コン　　　ターム　ザー
Tôi không tham gia.
私　　　　ない　　参加する〈参加〉

＊直訳すると、「私は参加しません」となります。

予定があります。

トイ　　コー　　ヴィエッ　ゾーイ
Tôi có việc rồi.
私　　ある　　用事　すでに

はっきり意思表示してOK！

Advice
ベトナムでの移動は住所がマスト

ベトナムは、フランス植民地時代の影響で大小すべての通りに名前がついています。「番地・通り名・地区・区・市」の順で住所を表し、タクシーに乗るときも、ドライバーに場所の名前より住所を伝えたほうがスムーズに目的地に連れて行ってもらえます。住所より店名や建物名で目的地を目指すことも多い日本でも、ベトナムの人と待ち合わせをするときは、場所の名前とともに住所を添えてあげると親切です。

177

🪷 来日したベトナム人は日本の歩く速さや電車の乗り換えの複雑さなど、さまざまな違いに驚くそうです。様子をたずねたり、励ましたりすることで、少しでも不安を和らげることができたらいいですね。

最近はどうですか？

ガン　ダイー　エーム　テー　ナーオ
Gần đây em thế nào?

最近　　　あなた　　　どうですか

返答例 まあまあです。／大変です。／順調です。▶ Bình thường. /Vất vả. /Thuận lợi.

最近勉強はどうですか？

ガン　ダイー　ヴィエッ　ホッ　クーア　チ　テー　ナーオ
Gần đây việc học của chị thế nào?

最近　　　　勉強　　　～の　あなた　　どうですか

＊「仕事は」と言いたい場合は、việc học（ヴィエッ ホッ）を công việc（コン ヴィエッ）に変えます。

困っていることはありませんか？

アイン　コー　ジー　コー　カン　コン
Anh có gì khó khăn không?

あなた　ある　何　　困難な　　　ない

《言い換え例》 大丈夫ですか？ ▶ Anh có sao không?

もうご飯を食べましたか？

エーム　ダアッ　アン　コム　チュア
Em đã ăn cơm chưa?

あなた　過去　食べる　ご飯　まだ〜ない

＊日本での「ちゃんと食べてる？」にあたる、相手の元気を気遣うあいさつ表現の一つです。

そうなの？

テー　ハア
Thế hả?
そうなの

遠慮しないで。

ドゥン　　ンガイ
Đừng ngại.
しないで　　遠慮する

すごいね！

ハイー　　クアー
Hay quá!
すごい　　感嘆

それはよかったですね。

テー　　ティ　トッ　ゾーイ　ニー
Thế thì tốt rồi nhỉ.
それなら　　よい　すでに　ですね

元気を出して！

ヴーイ　レン
Vui lên!
楽しい　上がる

安心してくださいね。

アイン　クー　イエン　タム　ニエ
Anh cứ yên tâm nhé.
あなた　そのまま　　安心している　　〜ね

一緒にがんばりましょう！

チュン　ター　クン　コー　ガン　ニエ
Chúng ta cùng cố gắng nhé!
私たち　　　一緒に　　がんばる　　しましょう

＊相手を励ます場合は、Bạn cố lên nhé!（バン　コー　レン　ニエ）「がんばってね！」となります。

がんばったね！

エーム　ダアッ　コー　ガン　ゾーイ
Em đã cố gắng rồi!
あなた　過去　　がんばる　　すでに

Advice　　　　ベトナム人の足はバイク

　ベトナムではバイク移動が主流。徒歩で行くような近所へもバイクで向かいます。市内を走る電車もまだないので（ハノイとホーチミン市で地下鉄を建設中※2020年8月現在）、日本で初めて電車に乗ったというベトナム人も多く、路線図の複雑さや、各駅停車と急行の違い、ICカードの使い方などは日本で苦労することの1つのようです。もし困っているようだったら、ぜひ積極的にフォローしてあげてください。

ベトナムのカフェ事情

ベトナムは輸出量で世界第2位、ロブスタ種の生産量では世界第1位のコーヒー大国です（2019年時点）。その背景には、かつてベトナムを植民地としたフランスが中部高原地帯にプランテーションを作り、コーヒー栽培を大規模に進めた歴史があります。ベトナムで主

Phinを使った
ベトナムコーヒー

に生産されているのはロブスタ種。Phin（フィン）と呼ばれるアルミやステンレスのフィルターで抽出した香り高いコーヒーに、砂糖や練乳を加えて飲むのがベトナム流です。

ベトナムを旅すると、どの地域にも多くのカフェがあり、人々の集う様子が見られます。路上や公園にプラスチックの机と椅子を並べた店から、高級感漂うおしゃれなカフェまで、その規模やコンセプトもさまざま。コーヒー豆ブランドとして国内No.1のTrung Nguyên Coffee（チュングエン・コーヒー）が全国展開をする一方、近年ではStarbucks Coffee（スターバックス）などの外資系カフェも続々と進出しています。

お気に入りのカフェでコーヒーを味わうことは、ベトナムの

公園のカフェ

人々にとって家事や仕事、学業の合間のリラックスタイムであり、大切な人たちとのコミュニケーションの場でもあります。1滴ずつ抽出されるコーヒーと共にゆったりとした時間を過ごすカフェは、彼らの生活に深く根差しています。

さくいん
［ベトナム語→日本語］

・基本的な単語と文型を中心に収録しています。
・［　　］が含まれるフレーズは該当ページで入れ替え
　単語をチェックすることができます。
・漢越語の表記は省略しています。

さくいん

C
～
N

さくいん
［日本語→ベトナム語］

・基本的な単語と文型を中心に収録しています。
・［　　］が含まれるフレーズは該当ページで入れ替え
　単語をチェックすることができます。
・漢越語の表記は省略しています。

英数字

あ行

か行

た行

や・ら・わ行

●著者
木村友紀（きむら　ゆき）

法政大学文学部哲学科卒業後、ホーチミン市人文社会科学大学（ベトナム）に留学。現地に約6年間暮らし、ベトナム語の通訳・翻訳や研修コーディネート等に携わる。帰国後は通訳・翻訳業のほか、ゴーウェルランゲージスクール、アーキ・ヴォイス外国語スクール等でベトナム語を教える。

●STAFF

編集・制作協力	株式会社エディポック
デザイン	鷹觜麻衣子
イラスト	舩附麻衣
ベトナム語校正	Lê Thanh Thiên Hương
録音	一般財団法人英語教育協議会（ELEC）
ベトナム語ナレーター	Quỳnh Hoa
	Việt Hùng
日本語ナレーター	乙坂双葉

いちばんやさしい　使えるベトナム語入門

著　者	木村友紀
発行者	池田士文
印刷所	大日本印刷株式会社
製本所	大日本印刷株式会社
発行所	株式会社池田書店
	〒162-0851　東京都新宿区弁天町43番地
	電話03-3267-6821(代)／振替00120-9-60072

落丁・乱丁はおとりかえいたします。
© Kimura Yuki 2020, Printed in Japan
ISBN978-4-262-16984-2

24009504